돈을 끌어오는 투자 심리의 법칙

투자중독에서 주식 고수로 부자 되는 투자 심리의 법칙

돈을 끌어오는
투자 심리의 법칙

박수경, 성명석 공저

가연

투자중독은 투자 손실보다 무섭다

모든 인간의 깊은 내면에는 잠재된 힘이 있다. 하지만 우리는 모두 우리 내면에 위대한 힘이 있다는 사실을 알지 못한다. 옳고 그름의 문제가 아니다. 맞고 틀리고의 문제도 아니다. 그동안 우리가 어떤 경험을 갖고 어떤 것을 공부해 왔던 그 자체에 문제가 있지 않다. 중요한 것은 몸과 마음의 건강을 만들고, 옳게 생각하고 기억하여 실천하는 심리의 습관이다. 모든 인간은 습관을 갖고 살아간다. 습관 없이 살아가는 사람은 없다. 평소 내가 만든 습관이 내 삶이 되고 인생이 된다.

습관도 상하경중에 따라 다양한 가치를 갖는다. 제일 큰 가치는 공부 습관이나 운동 습관, 일 습관이 아니라 마음과 심리를 만드는 습관이다. 심리 습관이 중독을 만들기도 하고 성공을 만들기도 한다. 공부 습관이나 운동 습관은 마음만 먹으면 바꿀 수 있다. 그러나

심리 습관은 한번 형성되면 바꾸기가 여간 어렵지 않다. 결국 잘못 만들어진 심리 습관으로 자신이 가진 모든 것을 잃고 나서야 무엇이 잘못되었는지 뒤늦게 후회한다. 그러나 그때는 이미 늦었다.

　겨울을 재촉하는 비가 아침부터 부슬부슬 내리던 어느 가을 날, K씨(50대)는 조심스럽게 필자의 상담실을 찾았다. 경기도 남양주시 모처에 선대로부터 물려받은 중견 제조 기업을 운영하던 사장 K씨는 조금은 상기된 얼굴로 자리에 앉았다. 스산한 날씨에 마음까지 얼어붙는 한기를 떨쳐내려고 따뜻한 차를 권했다. "이 차 한 번 드셔 보세요. 제주도에 계신 내담자 한 분이 보내주신 감귤차인데 향긋하고 달콤해서 요즘 같은 날씨에 딱이랍니다." "아, 그래요?" 그는 멋쩍게 웃으며 잔을 받아들고는 후후 불면서 천천히 차를 입에 갖다 대었다. 덕분에 그가 쓴 고집스런 뿔테 안경에 부옇게 김이 서렸다.

　"맛있네요. 따뜻하고 좋습니다." K는 중저음의 목소리로 차가 맛있다고 했다. 그리고 무언가 말을 하려고 했지만 어떤 이유에선지 그는 잠시 입을 굳게 닫았다. 갑작스럽게 뜨거운 차가 목구멍에 들어가서 그랬을까? 처음에 나는 K가 딸꾹질을 한다고 생각했다. 그래서 그가 다시 말을 이어갈 때까지 차분히 기다렸다. 그런데 가만보니 아니었다. 그는 울고 있었다. 김 서린 안경으로 그의 충혈된 두 눈에 가득 고인 눈물이 보이지 않았을 뿐 그는 분명 울고 있었다. 그렇게 K는 내 앞에서 마치 선생님한테 꾸지람을 듣는 어린아이처럼 고개를 숙인 채 서럽게 울었다. 커다란 인내심을 발휘하여 꾹꾹 누르고 있었던 울음을 참을 길이 없었던 거다.

그렇게 본의 아니게 대화가 잠시 끊어졌다. 나는 천천히 그에게 눈물과 콧물을 닦으라고 티슈를 건넸다. 이윽고 어느 정도 마음을 진정시킨 K는 천천히 나에게 그간 자신에게 일어났던 일의 자초지종을 털어놓기 시작했다. "죄, 죄송합니다. 따뜻한 소장님의 인사를 받자마자 나도 모르게 주책없이 눈물이 나왔네요." "괜찮아요. 선생님, 저한테 다 이야기해 보세요." 안경을 벗으며 티슈로 눈가를 닦는 K의 얼굴을 다시 보니, 아무리 좋게 봐줘도 50대라고는 믿기 힘들었다. 아마도 그간 마음고생이 컸던 모양이다. 그러면서 앞으로 그와의 상담이 한 시간은 족히 넘길 것 같다는 불길한 예감에 사로잡혔다. 그는 작심한 듯 내 앞에서 이야기보따리를 풀어놓았다.

비뚤어진 투자의 출발

앞뒤 상황은 이랬다. K는 7년 전 한 지인으로부터 코인 투자를 소개받았다고 한다. 당시 그가 소개받은 코인은 한 동구권 국가에서 출시된 암호화폐였는데(여기서 구체적인 명칭을 밝히지 못하는 점을 양해 바란다) 지인 말로는 그간 수익이 장난 아니라고 했다. 그날 지인이 타고 온 자동차가 검은색 벤츠였는데, 그 차도 코인 투자로 얻은 수익으로 산 거라고 자랑했다. "지금 이 코인이 초기 단계여서 투자하면 향후 3년 내에 1,000배의 수익을 얻을 수 있다."고 정확한 수치까지 언급하며 지인은 그에게 투자를 독려했다. 무엇보다 K

는 당장 '1,000배'라는 말에 꽂혔다. 한 해 60억 정도의 매출을 일으키는 자그마한 제조 회사를 운영하면서 크게 욕심내지 않아도 나름 밥은 굶지 않고 산다고 생각했는데, 지인에게서 정확한 설명을 들은 후에는 투자를 안 하는 놈이 바보라는 생각이 들었다고 한다.

"그래서 투자를 하신 거예요?"

"아뇨, 돌다리도 두들겨 보고 건너는 심정으로 코인을 자세히 공부했죠." 그는 몇 주에 걸쳐 지인이 소개한 코인을 알아보았다고 한다. 보면 볼수록 소개받은 코인은 완벽한 투자 아이템이었다. 한 달이 지나고 그는 암호화폐에 대한 확신이 들었다. 그는 이게 신이 자기에게 주신 인생 마지막 기회라 믿고 소개받은 지 두 주 만에 1억을 투자했다고 한다. "네? 1억이요?" 나는 놀라서 그에게 되물었다. '1억의 1,000배면 얼마일까?' 그간 부모님께 제대로 못했던 효도도 실컷 하고, 평소에도 유학가고 싶다고 노래를 부르던 둘째를 영국으로 조기 유학 보낼 수 있는 돈이었다. 진학하면서 수학을 힘들어하던 고등학생 첫째에게는 수학 과외를, 아니 과목마다 과외를 붙여줄 수도 있겠다 싶었다.

다행이 처음에는 코인이 오르면서 수익이 괜찮았다고 한다. 확신이 차츰 맹신으로 커지더니 어느새 그는 금융권을 돌며 투자금을 빌리기 시작했다. 처음에는 쫄리기도 했으나 한두 번 투자에 성공하면서 불안감은 눈 녹듯 온데간데없이 사라졌다. 주변에선 말리기는커녕 도리어 투자금을 보탰다고 한다. 지인의 응원이 이어지자 그는 점점 대담해졌다. 선친이 피와 땀으로 일군 남양주에 있는 공장을 담보 잡아 5억을 더 당겼다. 그렇게 그의 투자 포트폴리오는 일년 만에 거침없이 늘어났다. 코인으로 10억을 달성하자 그의 뇌에는 도파민이 최대치로 솟구쳤다. '아, 이렇게 좋은 걸 왜 이제야 알았을까? 남들은 그간 다 이렇게 돈을 벌었구나.'

그는 마음이 급해졌다. 남들이 다 알고 있던 황금산을 마지막으로 발견했다는 생각 때문이었다. 그렇게 뒤늦게 투자의 가치를 알아차린 자신의 불민함을 자책하며 그동안 뒤쳐진 기간을 만회하려는 듯 K는 더 큰 폭으로 투자금을 늘려갔다고 한다. "지금 생각해 보면 정말 폭주기관차와 같았어요." 어느새 그는 코인 전도사가 되어 주변 사돈에 팔촌까지 투자를 독려했다. 앱를 다루는 데 서투른 분들을 위해서 그는 대신 투자금을 받아 코인 구매를 돕기까지 했다. 그러나 그가 발견했다고 확신한 황금산은 서서히 균열이 가고 있었다. 그해 연말이었던 것 같다. 그가 투자한 코인이 폰지사기라는 뉴스가 떠돌기 시작한 시점이 말이다.

첫 번째 실패와 투자중독

불길한 예감은 언제나 현실로 나타난다. 투자를 시작하고부터 그는 회사 운영에 점점 소홀해지기 시작했다. 전국의 거래처를 발로 뛰며 자신보다 나이 어린 점주들에게 굽실하는 게 언제부턴가 하찮게 느껴졌기 때문이다. 당장 회사로 돌아오는 어음을 바꾸는 데도 최소한 한두 달은 걸리는데, 투자만 잘 하면 대번에 그와 맞먹는 수익을 거둘 수 있었다. 게다가 수익은 낮이고 밤이고 그를 찾아왔다. 하루 반나절만 운영되는 주식거래소와 달리 하루 24시간 활짝 열려 있는 코인거래소는 얼마 안 가서 그의 낮밤을 바꿔버렸다. 하루 종일 그의 관심사는 온통 투자에 매몰되어 있었다. 당연히 회사의 매출은 곤두박질치기 시작했다. '나한텐 믿는 구석이 있다.' 경영이 어려워질수록 K는 더 코인 투자에 매달렸다.

그 와중에 그가 투자한 코인이 폰지사기라는 뉴스가 여기저기서 터졌다. 끝없이 상승 곡선을 그릴 것만 같았던 코인 가격은 일주일 만에 반 토막이 났고, 연이어 이틀 만에 다시 반 토막이 났다. K는 주가창을 바라보며 자신의 눈을 의심했다. "지금 다른 종목을 보고 있거나 내가 모르는 사이에 해킹이 일어난 건 아닐까 의심마저 들더군요." 그 의심 때문인지 K는 급작스런 폭락에 제대로 대처할 수 없었다. 어버버 하는 사이에 가격은 바닥 모를 저공 행진을 이어갔다. 그렇게 개당 가격이 10원 언저리에 안착하고서야 비로소 K는 자신이 졸지에 모든 투자금을 하루아침에 날려버렸다는 현실을 자각하기 시작했다고 한다.

그런데 그런 와중에도 K는 다른 종목으로 눈을 돌리고 있었다. 잃은 투자금을 만회해야 한다는 생각과 함께 지인과 친척이 맡긴 투자금을 채워줘야 한다는 책임감에 마음이 급해졌다. 짧지만 투자금보다 다섯 배나 많은 수익을 보았던 K는 이제 아무 일 없다는 듯 과거로 되돌아갈 수 없었다. 코인으로 잃은 돈은 코인으로 벌어서 메워야 한다는 강박적인 생각이 어느덧 그를 지배했다. 그는 회사를 전부터 알고 지내던 거래처 사장에게 급매로 넘기고 그렇게 마련한 돈을 전부 코인에 올인했다. 문제는 그 두 번째 투자처가 테라였다는 데 있었다. 2023년 국내뿐 아니라 전 세계 코인 시장을 일주일 만에 쓸어버렸던 초특급 허리케인 테라-루나 사태의 그 장본인 말이다. K가 진입한 지 딱 한 달 만에 기존 테라 시총의 99.9%가 날아갔다.

현금에 당하는 삶

그렇게 K는 가진 모든 것을 잃었다. 많이 벌지는 못했지만 그래도 남에게 손 벌리지 않고 나름 건실한 제조업체를 운영했던 그는 투자를 시작한 지 채 1년도 되지 않아 자본을 일으킬 수 있는 기반을 모두 날렸다. 그럼에도 짧지만 강렬했던 '떡상'의 추억은 그의 보상회로를 마비시켰고, 그렇게 도파민에 중독된 그의 뇌는 더 강렬한 투자 보상에 매달리게 그 자신을 닦달했다. 부모님께 효도하고 처자식을 먹여 살리겠다는 데 온통 집중했고, 그 누구보다 부지런하고 성실하게 살았던 K는 이제 하나 남은 집까지 팔아 또 다른 코인 투자에 진입했고, 더 이상 그를 말릴 수도, 그를 막아설 수도 없었던 아내는 결국 그에게 이혼 통보를 하기에 이르렀다. 자기 자신도 스스로를 멈추게 할 수 없다고 느낀 K는 그렇게 막다른 골목에서 필자를 찾게 된 것이다.

"저 참 바보 같죠?" 자조 섞인 쓴웃음을 지으며 그는 며칠 동안 찜질방을 전전하며 식음을 전폐하고 잠만 잤다고 했다. 휴대폰에 깔려 있던 코인 투자 앱들은 모두 지웠다. 투자 앱을 보면 다시 하고 싶어질까 봐 두렵다고 했다. 삶을 비관하는 그의 얼굴에 드리워진 짙은 그늘이 마음 한 구석을 서늘하게 했다. 그는 더 이상 자기를 믿을 수 없을 거 같다고 했다. "이 상담실을 나가면서 다시 앱을 깔고 투자를 할 거 같아서 제가 너무 밉습니다." 필자는 그에게 투자중독의 원리를 설명해 주었다. K는 투자에도 중독이 있는 줄 처음 알았다며, 이럴 줄 알았으면 투자에는 얼씬도 하지 않았을 거라고 후회했다. 과연 그는 어디서부터 잘못된 것일까?

필자가 이 책을 쓰기로 마음먹게 된 계기가 바로 K와의 상담이었다. 그와 교분을 나누며 투자를 함께 진행했던 과정에서 점차 투자에서 투기로 변질되는 그의 행태를 보면서 어딘가 많이 보았던 장면이 겹쳤다. 그건 필자가 평소 상담했던 각종 행위중독 내담자의 모습과 K의 모습이 겹치면서 얻게 된 일종의 기시감이었다. 투자중독은 요즘 여러 매체를 통해 언급되는 위태로운 증상이자 행위중독의 일종이다. 이미 서구에서는 투자중독과 관련한 연구가 활발히 진행되었으며, 최근 국내에서도 점차 적잖은 논문이 발표되고 있다. 문제는 필자의 상담실을 찾은 많은 내담자가 투자중독에 대해 거의 인식하지 못하고 있다는 데 있다.

독자 중에는 필자가 이 책을 쓴 것을 두고 주식이나 코인에 투자하지 말라는 게 이 책의 메시지가 아닐까 착각하는 분들이 계실 것이다. 정반대다. 필자 역시 주식과 코인에 열심히 투자하고 있다. 각계각층에 필자의 투자 멘토도 여럿 두고 있으며 원고를 쓰고 있는 지금 이 시각에도 시시각각 변하는 거시경제의 흐름을 꾸준히 따라가고 있다. 필자 역시 과거 주식을 통해 크고 작은 수익과 손실 그래프를 그렸다. 그러다 투자자의 심리를 중독의 관점에서 이해하게 되면서 새로운 투자의 지평을 얻게 되었다. 이 책은 바로 이러한 깨달음의 소산이다. 더불어 그 위에 상담가로서 여러 인지적 오류를 피해서 건전하게 투자할 수 있는 전문적인 식견과 노하우를 얻었다.

건전한 투자를 위하여

인생의 다른 영역에서 투자의 지위는 명확한 것 같다. 우린 어려서부터 공부에 '투자'하라고, 미래에 시간을 '투자'하라고 배운다. 그런데 눈에 보이지 않는 추상적 가치나 불확실한 미래에는 그토록 투자를 말하면서 돈에 있어서만큼은 왜 이리 인색했던 걸까? 우린 소득의 증가 속도가 자산 가치의 증가 속도를 따라가지 못하는 시대에 살고 있다는 사실을 너무도 잘 알고 있다. 현금을 그냥 꾸준히 보유하고 있으면 시대에 당하는 삶을 살게 된다는 뜻이다. 그저 열심히 벌고 저축하면 언젠가 경제적 자유를 얻을 수 있을 거라는 막연한 기대를 갖고 투자를 등한시하면 그만큼 자산 가치의 흐름에서 동떨어진 삶으로 떨어질 수밖에 없다. 이런 사이클로 그저 열심히 살면 살수록 나는 더 가난해지는 구조에 빠진다.

중독보다 더 위험한 건 투자를 아예 멀리하는 자세다. 투자를 하지 않는 건 투자에 실패하는 것과 같다. 투자의 기회비용을 잃었으니 더 많은 걸 잃었을지도 모른다. 지피지기면 백전불태다. 나를 알고 상대를 알면 백 번 싸워도 전세가 위태롭지 않다. 투자중독이라는 복병을 알고 미리 멘털을 챙기면 투자의 원칙이 눈에 들어온다. 그 원칙 안에서 투자의 정도를 걸으면 실수를 상당히 줄일 수 있다. 여기에 시간이라는 레버리지를 이용해서 내 자산은 점점 눈덩이처럼 불어날 것이 분명하다. 이 책은 상담가이자 투자자인 필자가 그간의 상담 일지와 투자 경험을 엮어 독자들에게 '현명한 투자자'(벤저민 그레이엄이 말했던 이상적인 투자자!)의 족적을 제시하는 데 목적이 있다.

필자는 지금까지 이미 중독에 관한 책을 여러 권 집필했다. 2020년, 한국청소년보호재단에서 『멈출 수 없는 즐거움의 민낯, 중독』이라는 책을 냈다. 이 책은 지금 학교나 기업, 관공서 등 현장에서 중독 예방 프로그램의 교과서로 계속 활용되고 있다. 코로나가 한창이던 2022년에는 『관계중독』이라는 책을 출간했다. 이 책은 한국출판문화산업진흥원이 우수도서로 선정하여 전국의 도서관에 보급되었다. 이 책을 들고 여러 대학교와 관공서에서 강연을 진행할 수 있었다. 내가 알기로는 지금까지 관계중독과 관련된 번역서는 몇 권 있었지만, 국내 저자가 쓴 책으로는 거의 첫 번째 저서인 것 같다. 현재 『관계중독』은 이 분야 베스트셀러에 올라있다.

이번에 집필한 투자중독은 지금까지 출간했던 중독에 관한 마지막 책이 될 것 같다. 2021년 이후, 국내에 갑자기 주식투자 열풍이 불면서 전 국민이 휴대폰에 투자앱 하나쯤 다 갖고 있을 정도로 투자가 상식이 되었다. 그 여파로 최근 몇 년간 투자중독에 문제를 안고 있는 내담자가 급격히 늘었다. 누구나 휴대폰을 열면 손쉽게 접근할 수 있는 금융상품과 투자 정보의 홍수 속에서 그 어떤 행위중독보다 더 빠르게 퍼지고 있는 게 투자중독이다. 현대 사회에서 투자라는 개념은 더 이상 소수의 부유한 투자자들의 전유물이 아니다. 얼마든지 마음만 먹으면 자신의 자산을 활용하여 투자 수익을 거둘 수 있는 금융 민주주의 시대기 때문이다. 문제는 그러한 투자를 얼마나 합리적으로 일으킬 수 있느냐 하는 것이다.

이 책은 4년 전 이데일리ON 주식 전문가이신 성명석 소장님과의 만남을 통해서 투자중독의 본질을 탐구하고 그로 인해 발생할 수 있는 심리적, 사회적 문제를 조명하고자 기획되었다. 인지 오류를 극복하고 건강한 투자 습관을 길러 투자중독에서 벗어나는 방법에 대해서도 소개할 것이다. 이 책을 통해 독자 여러분이 투자에 대한 올바른 이해를 갖고, 중독의 위험에서 벗어나 건강한 투자자로 거듭나기를 바란다.

언제나 느끼는 거지만 이번에도 집필 과정은 순탄하지 않았다.

SRT를 타고 서울과 천안을 오가며 상담실을 운영하고 대전과 천안을 오가며 성명석 소장님과의 주식에 대한 본질적 연구를 하다 보니 집필을 진행할 시간이 턱없이 부족했다. 때로는 기차에서, 때로는 지하철에서 영문 자료들을 읽고, 관련 원서들을 정리했다. 국내에는 아직도 투자중독에 대한 전문서적이 거의 없어서 부득이하게 해외에서 참고자료를 주문해야 했다. 부족한 임상경험은 관련 업계 종사자들에게 자문을 구했으며, 필요하다면 전문가와 직접 만나 관련 정보를 얻기도 했다. 그럼에도 국내에 투자중독에 대한 인식이 미처 형성되지 않아 자료를 얻는 데 적잖이 어려움을 겪었다. 부디 부족하지만 본서를 통해 중독으로 힘든 이들이 한 줄기 희망의 빛을 볼 수 있기를 바란다.

중독적 사고를 떨쳐내고 비로소 환하게 웃는 내담자들의 얼굴을 보고 싶다. 기회가 된다면 가까운 카페에 가서 여러분의 따뜻한 손을 맞잡고 정답게 담소를 나누고 싶다.

저자 **박수경** 드림

주식으로 돈을 번다는 것의 의미

"주식투자로 돈을 잃었다면, 투자 기간이나 공부 기간이 얼마나 길던지 상관없이 나는 이미 주식투자로 실패한 것이다."

현장에 있다 보면 많은 투자자가 자신의 실패에 너무 관대하게 접근하는 모습을 본다. 상황이 안 좋았다며, 운이 나빴다며, 통제할 수 없는 외부 변수 때문이라며 자신의 실패를 받아들이지 않는다. 나아가 실패를 통해 수업료를 내고 큰 깨달음을 얻었노라고 둘러댄다. 그런데 어떤 변명을 대더라도 돈을 잃었다는 사실만큼은 변하지 않는다. 실패를 인정하고 처음부터 다시 배우는 것이 실패를 딛고 일어날 수 있는 첫 번째 스텝이다.

매주 토요일과 일요일은 모든 일정을 뒤로하고 주식 관련 강연을 하고 다닌다. 소규모이기는 하지만 보람은 대단하다. 그때가 전문 애널리스트로서 가장 걸맞은 일을 하고 있다는 생각 때문이다. 안타깝게도 주식 시장이라는 조직화된 거대한 시장에 돈을 벌겠다고 뛰어든 대부분의 투자자는 돈을 잃는다. 수익은 내는 사람은 극소수에 불과하고, 그것도 꾸준히 준수한 성과를 내는 투자자는 한줌도 되지 않는다. 도대체 왜 그럴까? 아무런 공부 없이 무작정 주식투자에 뛰어들기 때문이다. 주식으로 돈을 벌겠다는 사람이 주식에 대한 공부도 없이 묻지마 투자에 뛰어들어 투자금은 물론 대출금까지 떠안는 현실이 예나 지금이나 전혀 바뀌지 않고 있다.

그래서 매주 토요일과 일요일이면 주식으로 돈을 잃은 사람들과 소규모 만남을 갖고 그들의 투자 습관을 바꿔주려고 애쓴다. 주식 종목을 선정해 주는 게 아니라 주식이 뭔지, 투자가 뭔지 가르쳐준다. 그렇게 몇 개월만 배워도 주식투자에 자신감을 가지며 투자로 돈을 벌고 나서 필자에게 감사 인사를 전한다. 필자 입장에서는 당연한 결과지만 주식투자로 돈을 잃어본 사람이라면 아마 기적처럼 느낄 수 있을 것이다.

이런 기적을 체험하는 이유는 간단하다. 주식투자로 돈을 잃는 것은 대부분 투자로 돈을 번다는 행위가 무엇인지 모를 때 발생한다. 투자는 돈 내고 돈 먹기는 야바위가 아니다. 운이 없어서 주식투자로 돈을 잃는 것은 더더욱 아니다. 세력들의 장난에 꼼짝없이 당해서 돈을 잃는 것도 아니다. 그렇다고 주식투자로 돈을 벌기 위해서 오랜 기간 고시 준비하듯 공부가 필요한 것도 아니다. 결국 투자로 돈을 버는 것도 주식이고 잃는 것도 주식이다. 주식이 무엇인지 정확히 이해하고 주식시장에서 수익을 내기 위한 최소한의 지식과 기술, 환경을 확보하면 스스로 사고팔면서 누구나 손쉽게 터득할 수 있는 기술이다. 그렇게 스스로 능력을 키워나가면 그 어떠한 시장의 불확실성이 밀려와도 두렵지 않다.

필자는 많은 투자자를 관찰해왔다. 지금까지 돈을 잃어왔던 대부분의 투자자는 스스로 아무것도 바꾸려 하지 않고 오로지 자신이 고른 유망 종목이 터지기만을 학수고대한다. 그 실낱같은 희망으로 계속 돈을 잃고도 주식시장을 떠나지 못한다. 투자중독으로 전 재산을 탕진하고 가정까지 파괴되는 것을 종종 보면서 지난 30년 간 이 시장에서 살아남은 전문가로서 꼭 들려주고 싶은 이야기를 책에 담았다. "주식은 절대 어려운 것이 아니며 기본적인 공부만 되어 있어도 최소한 손해는 보지 않는다." 이것은 필자가 몸소 경험한 진리다.

하지만 대부분의 사람들은 배움은 갖지 않고 경제가 좋아지기만을 기다리며 손실을 한방에 만회하려는 환상에 빠져 있다. 몸의 건강을 위해 피트니스센터에 정기적으로 등록하여 PT를 받는 노력은 하면서 투자에 대해서는 아무런 노력도 하지 않는다. 한순간에 모든 것을 다 잃게 될 수도 있는데 타인의 의견에 너무 쉽게 투자 결정을 바꾼다. 나 자신이 주체가 되어 투자의 중심에 서지 않으면 그 어떠한 방식도 시장에서 통하지 않는다. 투자자가 중심을 잡지 않으면 그 어떤 좋은 종목이 있어도 투자로 돈을 벌 수 없다.

모르면 배우면 되는데 배움을 청하지 않는다. 투자중독에서 투자의 고수로 거듭나고 싶다면 주식이 무엇인지 배우며 투자 습관을 바꾸면 된다. 그것이 주식투자로 돈을 버는 비결이다. 이 단순한 진리를 모르는 사람이 중독적 사고에 매몰되고 전 재산을 날리는 우를 범한다. 모쪼록 독자들은 이 책을 통해 투자심리의 이면을 이해하고 투자 메커니즘을 배우는 기회를 얻기 바란다.

저자 성명석 드림

| 추천의 글 |

주식과 심리로 최고 경지에 오른 성명석 소장님과 박수경 박사님은 인생 최고의 파트너다. 성 소장님과 박 박사님이 집필하신 이 책은 건강한 투자 심리를 배우고 건전한 투자 습관을 연습하는 데 꼭 읽어야 할 필독서다.

하준 전문가(전 MTN 머니투데이 주식 마스터)

나에게는 세 분의 인생 멘토가 있다. 첫 번째 멘토는 나의 아버지다. 두 번째 멘토는 마음의 원리를 알려주신 박수경 박사님이고, 세 번째 멘토는 주식의 원칙을 가르쳐 주신 성명석 소장님이다. 나의 아버지는 평생을 공직자로 살아오시면서 법과 윤리의 원칙을 준수하여 내가 잘 살아갈 수 있는 삶의 원칙을 마음에 새기도록 도와주셨다. 두 번째 멘토인 박수경 박사님은 마음과 심리의 원리를 통해 건강하고 행복하게 살아갈 수 있도록 도와주셨다. 세 번째 멘토인 성명석 소장님은 건강한 주식투자 마인드와 함께 투자 마스터가 되기까지 모든 노하우를 전수해 주신 분이다. 인생을 살아가며 세 분의 멘토를 만난 건 행운이었다. 이 책은 행복하기 위해서 반드시 해결해야 할 몸과 마음의 건강 그리고 경제적 자유를 쟁취할 수 있도록 이끌어줄 나침반이다.

민주 전문가(딜사이트경제TV 상한가 스쿨 출연, 이데일리 TV 주식 파트너)

인간의 개인적 성취와 성과를 끌어내기 위해서 인간의 마음과 심리를 아는 것은 기본이다. 이 책은 자신의 삶에 진정한 주인이 되는 데 필요한 모든 것을 알려주는 영감 어린 책이다. 이 책은 모든 페이지에 실제 사례를 적용하여 투자의 원리를 풀어가는 창조적 이야기들로 가득하다. 강력하게 추천한다.

전영욱 전문가(딜사이트경제TV 현 상한가 스쿨, 머니 마스터 출연, 이데일리 TV 주식 파트너)

이 책은 주식으로 돈을 벌고자 했지만 한계에 부딪혀 힘들어 하는 분들과 그 가족들에게 새로운 희망이 될 것이다. 이 책의 제목처럼 잘못된 투자심리 습관에 중독되어 벗어나지 못하는 것에서 나 스스로 투자의 주최가 되어 성공 투자의 습관으로 탈바꿈의 변화를 이야기 하고 있다.

내담자 김○○

Chapter 5
경계해야 할 인지 오류(2) ● 201

Chapter 6
성공 투자를 위한 투자중독 탈출기 ● 235

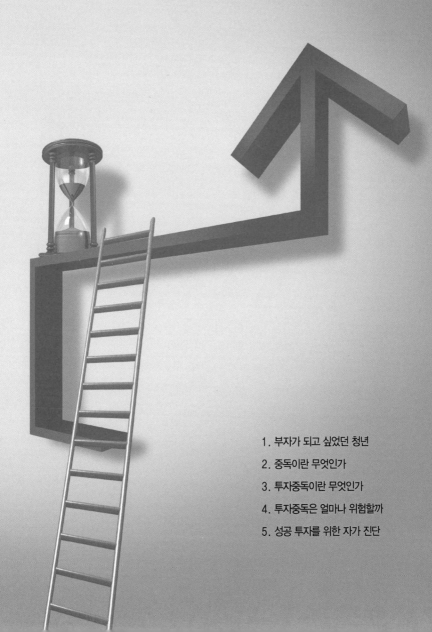

Chapter 1
투자도 중독이 되나요?

돈은 길들여진 취향이다.
하지만 일단 길들여지고 나면 돈은 중독이 된다.
— 헬렌 맥클로이 —

상담실을 찾은 많은 이들이 한결같이 묻는 질문이 있다. 바로 "투자도 중독이 되나요?"라는 질문이다. 이 질문 뒤에는 투자가 우리 뇌의 보상회로에 가하는 충격에 대한 대중의 몰이해가 숨어 있다. 자칫하면 투자는 투기로 돌변하고, 투기는 곧 도박이 될 수 있다. 그래서 한 전문가는 주식투자를 두고 오늘날 정부가 마지막으로 허용한 '합법적인 도박'이라고 불렀던 건지도 모른다. 사실 이 표현만큼 주식시장의 본질과 투자자의 심리를 잘 드러내는 말이 따로 없다. 분명 주식시장은 많은 이들에게 재정적 자유와 성공의 기회를 제공하는 매력적인 투자처다. 그러나 동시에 중심을 잡지 못하고 삐끗하기라도 하면 도박과 유사한 상황을 만들기도 한다.

　그 이유는 무엇일까? 주식투자는 본질적으로 불확실성을 동반한다. 주가와 금리의 향방은 신도 모른다는 이야기가 괜히 월가에서 운위되는 게 아니다. 카오스 이론에서부터 프랙털 이론에 이르기까지 주가 변동과 사이클 속에서 일정한 법칙과 구조를 발견하기 위해 온갖 설명으로 발버둥을 쳤던 전문가들이 이제껏 한둘이 아니지만, 주가 예측의 영역은 오늘도 여전히 미답지로 남아 있다. 이러한 시장의 변동성과 예측 불가능성은 우리의 투자를 이따금 도박의 확률로 바꿔 놓는다. 투자자는 종종 시장의 흐름에 따라 감정적으로 반응하게 되며 이로 인해 비이성적인 선택에 빠지는 경우가 많다.

　더 큰 문제는 정보의 비대칭성에 있다. 우리가 접하는 투자 정보는 똑같지 않다. 모든 투자자가 동일한 출발선상에 서 있지 않다는 말이다. 이는 카지노 도박에서 흔히 언급되는 '하우스 엣지_{house edge}' 상황과 유사하다.*

　하우스 엣지를 아느냐 모르느냐는 카지노에서 승패를 가르는 중요한 요소가 될 수 있다. 도박꾼이라면 바카라 테이블에 앉기 전에 엣지가 얼마나 되는지 따져보는 건 상식에 속하는 문제다. 텍사스

---

* 하우스 엣지란 카지노가 플레이어의 베팅 금액에 대해 얻는 수학적 수익률을 말하는데, 기계와 테이블마다 이 비율이 모두 다르다. 이는 게임에서 당첨 확률보다 낮은 배율로 배당금을 지급함으로써 발생하는 차액을 카지노가 수익으로 가져가는 데 중요한 정보가 된다.)

홀덤에서 플레이어가 자신의 에퀴티equity를 따지는 것과 같다. 결론적으로 주식투자는 큰 수익을 가져다줄 수 있지만, 그 이면에는 도박과 유사한 위험과 중독성이 존재한다는 점을 잊지 말아야 한다. 이번 장에서는 조금 전문적일 수 있겠지만 투자중독에 관한 기초적인 사항부터 알아보도록 하자.

부자가 되고 싶었던 청년

　필자의 기억이 맞는다면 10년 전쯤 일이다. 하루는 공기업에 다니던 청년 Y씨(20대 후반)가 찾아와 결혼 자금으로 모으고 있던 2천만 원을 주식에 투자해서 한 달 만에 4천만 원으로 불렸다고 자랑했다. 투자중독을 계도하고 치료하던 필자도 부러울 정도였으니 Y씨 본인이 투자의 매력에 빠진 건 당연한 일이었는지 모른다. 문제는 그 이후였다. 두 배 넘는 수익을 거둬들인 그는 그 기분과 느낌을 잊을 수 없었다. 잭팟을 터트린 것 같은 기분, 구름 위를 걷는 것 같은 느낌, 주식이든, 로또든, 도박이든 뭐라도 하기만 하면 나에게 행운을 가져다줄 것 같은 생각이 들었다. 그런 일이 자신에게 또 일어날 것 같은 기대, 투자 감각이 남다르다는 자신감이 뒤섞이며 그는 본격적으로 투자에 뛰어들었다.

일단 그는 틈만 나면 습관처럼 모바일로 주식창을 들여다봤다. 주가가 오르는 순간을 놓치지 않을까 하는 불안감이 그를 다른 일을 하도록 가만 놔두질 않았던 것. 주식 차트가 눈앞에 아른거리기 시작하자 정작 업무는 뒷전이고 몰래 주식 거래에 몰두했다. 그러다 보니 업무 실수가 잦았고 상사에게 꾸지람을 듣는 일이 빈번해졌다. 그즈음 말단 사원으로 책상머리에 앉아 주어진 일을 처리하는 삶이 점차 시시하게 느껴지기 시작했다. 수년간의 어려운 취준생 기간을 버티며 어렵사리 들어간 공기업인데, 이젠 자신을 훨훨 날게 해주는 날개가 아니라 자신의 발목을 붙잡는 올무처럼 느껴졌다. '이 불편한 갑옷을 언제까지 입고 있어야 하는 걸까?'

급기야 그는 별다른 고민 없이 직장을 그만두고 호기롭게 전업 투자자로 나섰다. 이렇게 투자중독은 아무런 기미도 없던 평범한 20대 청년의 일상 속에 파고들기 시작했다. Y는 공격적으로 투자금을 늘려나갔다. 주변에서 지인들의 투자금까지 긁어모아 주식을 샀다. 나에게도 전화로 여러 번 투자를 종용했다. 그렇게 얼마 안 가서 종자돈이 마르자 제2금융권에서 대출까지 받기에 이르렀다. 가파르게 빚이 쌓여갈 때도 그의 머릿속에는 '규모의 경제'를 그리고 있었다. 언젠가 자신의 인생에 찾아올 우상향의 그래프가 지금까지 누적된 모든 부채를 한 방에 날려줄 거라고 굳게 믿었다.

그러던 어느 날, Y는 소리소문 없이 종적을 감추었다. 일찌감치 샴페인을 터트리고 친구, 지인들과 발리나 괌에서 축하연을 열고 있는 건 아닐까 궁금할 정도였다. 그러면서도 무소식이 희소식이라며 잘 지내겠거니 마음 놓고 있었다. 필자가 다시금 그의 소식을 듣게 된 건 그로부터 6개월 뒤였다. 마침 그의 근황이 궁금했던 나에게 Y의 지인으로부터 연락이 온 것. 그의 전언에 따르면, 전 직장에서 알던 동료 직원과 짜고 금고에 들어가 돈을 훔치다 현장에서 검거되어 지금 교도소에 있다는 거였다. 꿈 많던 청년이 주식으로 패가망신하는 데 채 1년이 걸리지 않았던 셈이다.

부자란 무엇일까? 투자의 목적

투자중독의 경험이 있는 내담자를 중심으로 빠지지 않고 하는 질문이 있다. 그건 바로 "부자가 되고 싶으신가요?"라는 질문이다. 질문을 받는 내담자 대부분은 한 치의 망설임도 없이 부자가 되고 싶다고 대답한다. 그러면 나는 다시 한 번 질문한다. "부자가 뭐라고 생각하세요?" 이때 재미있는 상황이 펼쳐진다. 조건반사적으로 부자가 되고 싶다면서 막상 부자가 무엇인지에 물어보면 의외로 대답을 머뭇거리는 이들이 많다. 자산이 10억은 있어야 하나? 대출 끼지 않은 아파트 한 채와 현금 5억은 보유하고 있어야 하나? 그 기준도, 그 수치도 저마다 제각각이다.

모든 사람은 인생을 왜 사냐는 질문에 '행복하게 잘 사는 것'이라고 말한다. 하지만 행복이 무엇이냐는 질문에는 선뜻 답하지 못한다. 왜 그럴까? 나의 행복이 아닌 남의 행복을 위해 살기 때문이다. 마찬가지다. 부자가 되고 싶은 건 남들의 삶에 얹힌 욕망의 표출인 경우가 다반사다. 행복에 대한 정의나 개념이 없는 상태에서 그저 막연히 행복하게 살고 싶다고 생각하는 삶은 정작 행복해도 자기가 행복한 줄 모르고 살아가는 삶이 된다. 막연하게 돈이 많아야 좋은 것 같으니까, 아니면 돈이 많으면 행복한 것 같으니까 부자가 되고 싶다고 생각하는 사람들이 의외로 많다. 투자에 뛰어들기 전에 적어도 인생 목표에 대해 명확한 정의 정도는 가지고 있어야 하지 않을까?

이 부분에 대한 심리를 분석하면, 우린 정확한 개념 정리 없이 눈앞의 결핍을 채우며 살기 바빴던 것이다. 다시 말해서, 부자가 되기 위한 공부, 부자가 되는 전략 또는 기준과 원칙이 없었다. 물론 투자로 돈을 버는 일은 노동으로 돈을 버는 것과 달리 뭔가를 열심히 노력한다고 얻어지는 결과물은 아니다. 부자가 되고 싶다면 먼저 부자에 대한 개념부터 명확해야 한다. 결핍을 채우기 위한 막연한 노력은 또 다른 결핍을 찾아 방황하는 삶을 선사하기 때문이다. 투자중독을 다루기에 앞서 먼저 부자란 무엇인지에 대한 정의부터 한번 내려 보는 게 필요하다. '나는 이러이러한 부자이고 싶다.'라는 어떤 명확한 이미지가 필요하다.

꩜ 진정 부자가 되는 길, 극기복례

우리가 영유아기부터 시작해 정해진 발달단계를 거쳐 성인이 되었듯 부자가 되는 것 역시 일정한 단계를 거쳐야 한다. 여러분에게 다시 질문하고 싶다. 돈 한 푼도 잃지 않고 부자가 되었던 사람이 이세상에 있었던가? 졸부를 제외하고 부자가 된 이 땅의 모든 이들은 실패의 경험을 갖고 철저한 자기반성을 통해 극기복례克己復禮의 길을 걸었던 자들이다. 극기복례가 무엇인가? 자기의 욕심과 한계를 극복하고 순리와 표준으로 돌아가려는 노력이 바로 극기복례다. 그래서 그들이 돈을 벌었던 방법은 천차만별이겠지만, 그들이 부자가되기 위해 밟았던 단계는 모두 동일하다.

부자가 되기 위한 가장 첫 번째 단계는 부자가 되기 위한 기준과 원칙을 바로 잡는 것이다. 많은 이들이 이 정도는 다 알고 있다. 하지만 현실적으로 쉽지 않다고들 한다. 마치 "영어와 일본어는 달라요."라고 말하면 다 아는 얘기라고 한다. 그런데 그런 얇은 공허하다. 그냥 알고 있는 것으로는 문제를 해결할 수 없다. 영어로 듣고 말하는 능력이 없고 일본어로 읽고 쓸 줄 아는 능력이 없다면 영어와 일어가 다르다는 것은 알지만 정작 어떻게 다른지 모르는 셈이다. 결국 내가 말하고 해석할 수 있는 능력을 키워야 극기복례가 시작된다.

어떤 이들에게 이런 필자의 조언이 달갑게 들리지 않을 게 뻔하다. 어쩌면 이미 고된 실패와 좌절의 늪에서 허우적대는 독자라면 이런 조언이 가혹하게 느껴질지 모르겠다. 하지만 부자가 되기 위해서는 먼저 투자를 실패해봐야 한다. 투자를 한 번도 안 해본 사람이 투자를 알 수 있을까? 불가능하다. 실패학이 성공학에 선행한다. 부자는 실패했지만 포기하지 않고 그 안에서 올바른 길을 찾았던 이들이다. 극기복례에 성공했다. 물론 필자는 이 책을 읽는 모든 분들이 가혹한 실패의 경험에서도 절망하지 않고 다시 도전해서 부자가 되었으면 한다.

두 번째 단계는 투자 환경이다. 부자가 되는 데 지난한 과정을 거치지 않고 결과까지 그냥 쭉 탄탄대로를 달려가면 얼마나 좋을까? 그런데 그게 마음대로 되지 않는다. 이유가 뭘까? 개인마다 처한 환경이 제각각이기 때문이다. 그 환경이 발목을 잡아 개인이 노력을 포기하거나 게을리 하도록 만들기 때문이다. 즉 부자가 무엇인지 정확한 개념을 정리한 다음, 올바른 학습을 통해 실패의 과정을 거칠 때 그 다음으로 중요한 일이 투자에 바람직한 환경을 조성하는 일이다. 인간은 환경이 어떻게 형성되었느냐에 따라서 목표의 효율성이 달라진다. 투자 환경을 분석할 때는 현실적 환경과 심리적 환경 두 가지를 모두 분석하여 양자 간의 조화를 이루어야 한다.

극기복례: 건전한 투자자가 되는 길

1. 실패학: 실패에서 배운다.
2. 환경결정론: 건전한 투자 환경을 만든다.
3. 기준과 원칙에 의한 예측 시나리오: 결과를 미리 시뮬레이션 해본다.

여기서 현실적 환경이란 금융 리터러시financial literacy를 기르고 주식을 사고팔 수 있는 시스템을 구비하여 투자금(종자돈)을 마련하는 것이라면, 심리적 환경은 주변 사람들의 관념과 가치관이 내 자신이 이루고자 하는 목표와 일치하거나 보조하도록 만드는 것이다. 누구를 만나느냐에 따라 본인의 투자 환경은 180도 완전히 달라질 수 있다. 나와 같은 목표와 가치관을 가진 사람을 만나면 나는 그만큼 이상적인 투자자로 다가설 수 있다. 이런 내 마음을 들여다보고 해결하기 위해서는 투자로 원하는 만큼의 성공을 이루기 전까지 끊임없이 극기복례를 실천해야 한다. 이 부분에 대해서는 뒤에서 자세히

설명하겠다.

마지막 세 번째 단계는 투자를 통해 얻게 될 최악의 시나리오와 최선의 시나리오를 미리 시뮬레이션 해보는 것이다. 최악의 결과를 얻었을 때 나는 어떻게 대처할 것이며, 최선의 결과를 얻었을 때 그 수익을 가지고 무엇을 할 것인가에 대한 계획이 있어야 한다. 실패했을 때 어떤 결과를 얻게 되는지, 성공했을 때 어떤 보상을 갖게 되는지를 미리 알면 상황을 잘 대처해서 인생에서 보다 성공적인 결과물을 지킬 수 있게 된다. 동시에 부족한 부분에 대해서는 나중에라도 디테일한 수정이 가능하게 된다. 그 결과, 누구나 투자중독이 없는 건전한 투자자가 될 수 있을 것이다. ❖

중독이란 무엇인가

'중독'이라는 말이 요즘처럼 유행인 적이 없었던 것 같다. 과거 의학계에서나 쓰이던 중독이라는 단어를 이제는 사람들이 일상에서도 아무 거리낌 없이 쓴다. 조금만 맛있어도 '마약김밥'이니 '마약떡볶이' '마약핫도그'라 부르고, 조금만 편해도 '마약의자'니 '마약베개'니 마약이라는 말을 잘도 갖다 붙인다. 드라마가 조금만 재미있어도 '약 빨고 만들었다'고 말한다. 재미있어서 시간 가는 줄 모르는 영화나 게임에는 '중독성이 있다'고 표현한다. 그뿐만 아니다. 애국심을 일으키는 내용은 모두 '국뽕'으로 불려지고, 음악이나 취미에 조금만 몰입할라치면 '꽂혔다'고 말한다. 이처럼 우리 주변의 모든 것이 중독이고, 중독이 아닌 것이 없을 정도다.

더 큰 문제는 중독의 일상화다. 이것도 중독, 저것도 중독, 아무거나 다 중독이다 보니 그 어떤 것도 진짜 중독이 아닌 것처럼 되어버렸다. 모든 게 중독이면 아무것도 중독이 아닌 셈이다. 이처럼 중독이라는 용어의 외연이 넓어지면서 도리어 사회적으로 중독의 폐해가 늘어나는 현상, 이것도 어쩌면 중독이라는 단어에 중독되어 있는 우리들의 아니러니한 현주소일지도 모른다. 이처럼 우리 주변에 중독이라는 말이 남용되고 있다 보니 중독의 심각성을 미처 깨닫지 못하고 중독물질에 점점 관대하고 느슨해지는 경향이 생겨난 것 같다. 결국 중독이 아무렇지 않게 느껴지는 건 중독의 일상화가 낳은 슬픈 현대인의 단면이다.

〰️🔍 중독의 역사와 정의

투자중독을 말하기에 앞서 먼저 중독이 무엇인지부터 짚고 넘어가자. 중독의 사전적 정의를 먼저 살펴보면, 캠브리지사전은 중독 addiction을 '어떤 일을 하거나, 물건, 특히 해로운 어떤 물건을 사용하는 것을 멈추지 못하는 무능력'으로 정의하고 있다. 우리나라 표준국어대사전에는 좀 더 자세하게 중독의 용례를 구분하고 있다. 1.

생체가 음식물이나 약물의 독성에 의하여 기능 장애를 일으키는 일. 2. 술이나 마약 따위를 지나치게 복용한 결과, 그것 없이는 견디지 못하는 병적 상태. 3. 어떤 사상이나 사물에 젖어 버려 정상적으로 사물을 판단할 수 없는 상태.

중독이라는 말의 역사는 과거 로마법까지 거슬러 올라간다. 옥스퍼드사전의 설명에 따르면, 중독은 라틴어 '아딕티오addictio'에서 나왔는데, 이 말은 주인이 자신의 노예나 재산을 타인에게 공식적으로 양도하는 행위를 뜻했다. 남에게 권한을 넘기면 법적으로 더 이상 그 물건은 자기 소유가 아니었는데, 법적 소유권을 주장할 수 없는 이 상황을 로마인들은 '아딕티오'라고 한 것이다. 이후 아딕티오는 자연스럽게 어떤 사람이나 물건에 대한 통제권을 포기한다는 뜻을 갖게 되었다. 한동안 이런 의미와 용례로 쓰이다가 단어가 오늘날과 같은 의미를 갖게 된 것은 1779년 담배나 아편에 대한 언급 속에 중독이라는 단어가 등장하기 시작하면서부터다.

이후 중독이라는 단어는 외부의 도움이 필요한 문제, 즉 치료를 해야 하는 질병을 지칭하는 말로 쓰이게 되었다. 처음에는 술이나 마약, 담배와 같은 물질중독만을 한정하여 질병으로 취급되다가 1980년대 접어들면서 도박과 같은 행위중독도 질병의 정의가 필요한 중독으로 이해되기 시작했다. 물질중독도 흔히 알코올이나 마약류, 담배와 같은 중독성이 있는 특정 물질에 빠지는 중독을 말했는

데, 최근 들어 보통 중독성이 없다고 여겨지는 물질도 중독을 일으키는 것으로 외연이 넓어지게 되었다. 또한 행위중독 역시 도박뿐 아니라 운동이나 학습, 섹스 등 본인이 스스로 절제하거나 통제할 수 없다면 아무리 긍정적인 행위라도 중독의 하나로 이해하기에 이르렀다. 최근 인터넷중독과 게임중독, 그리고 투자중독 역시 새로운 질병 코드를 부여하기 위한 다양한 논의가 학계에서 이뤄지고 있다.

중독은 즐거웠던 경험의 습관이고 반복된 쾌감의 기억이다. 중독은 단순한 행위의 반복이 아니라 거부할 수 없는 기억의 소환이자 통제할 수 없는 경험의 재현이다. 흔히 사람들은 오용과 남용, 의존과 중독을 혼동하는 경우가 있다. 엄밀히 말해, 이 네 가지는 서로 다르다. 보통 오용misuse은 의학적인 목적으로 사용하지만 의사의 처방에 따르지 않고 임의로 약물을 사용하는 행위를 일컫는다면, 남용abuse은 의도적으로 약물을 다른 목적을 위해 사용하거나 불필요하게 많은 양을 주입하는 행위를 말한다. 반면 의존dependence은 마약이나 약물을 꾸준히 사용하여 조절이 어려운 단계를 말한다.

🔍 도파미네이션, 중독의 해부

이들과 구별되는 중독은 약물이나 마약에 대한 강박적인 사용이나 저항할 수 없는 집착을 보여 신체적, 정신적으로 해로운 결과가 있을 것을 알면서도 스스로 끊지 못하는 단계를 지칭한다. 중독은 나머지 세 가지 용어를 수렴하는 단어다. 오용과 남용은 의존을 낳고 의존은 결국 중독으로 이끌기 때문이다. 최근 뇌과학이 발달하면서 중독이 도파민dopamine이라는 호르몬의 작용임이 밝혀지고 있다. 사실 인간의 뇌 안에는 100여 종이 넘는 신경전달물질이 있는데, 그중에서 도파민은 삶의 의욕과 즐거움, 쾌감을 주는 화학물질로 알려져 있다. 도파민이 분비될수록 인간은 더 쾌락을 느끼며 행복감에 젖는다. 두뇌 활동이 증가하면서 학습 속도나 정확도, 과제 집착력, 인내와 끈기, 작업 속도 등에 긍정적인 영향을 미친다.

스탠퍼드 의과대학의 정신과 교수이자 중독 전문가인 애나 렘키 Anna Lembke는 그녀의 저서 『도파민네이션Dopamine Nation』에서 도파민이라는 신경전달물질이 어떤 과정을 거쳐 우리에게 중독을 가져오는지 설명한다. 현대 사회는 바야흐로 즉각적이고 지속적인 만족을 제공하는 '도파민 과잉의 시대'다. 그녀는 오늘날 스마트폰이나 소셜 미디어, 마약, 음식, 게임 등 지극히 일상적인 활동도 우리 뇌에서 도파민을 과도하게 분비시키고, 결국 도파민 내성이 중독으로 이어질 수 있다고 경고한다. 도파민은 보상과 쾌락을 느끼게 해주는 신경전달물질로 뇌의 보상회로는 더 많은 도파민을 얻기 위해 끊임없이 자극을 추구하게 된다.

　렘키에 따르면, 도파민은 쾌감을 추구하는 보상회로를 활성화한다. 보상회로가 들어있는 복측피개영역은 뉴런에 있는 신경전달물질인 도파민을 중격측좌핵과 전전두엽피질로 분비하면서 쾌감 정보를 보낸다. 문제는 쾌감과 동기부여, 감정 조절 등에 관여하는 도파민이 자연스러운 행위를 통한 보상뿐 아니라 마약이나 약물, 알코올 같은 인위적인 행위를 통한 보상에도 분비된다는 데 있다. 게다가 인위적인 보상인 약물을 사용하면 자연적인 보상보다 두 배에서 많게는 열 배 이상의 도파민이 분비되고 효과도 훨씬 오래 지속되기 때문에, 이를 한 번 경험하고 기억한 사람은 자연적인 보상에서 쾌감을 얻는 것을 포기하고 인위적인 물질에서 보상을 얻으려고 한다. 인위적인 보상에서 쾌감을 느낀 사람의 뇌는 일상적이고 자연적인 보상에서 더 이상 아무런 즐거움을 느끼지 못하게 된다. 이 단계를 우리는 중독이라고 부른다.

🔍 중독의 두 가지 유형

중독의 유형은 크게 물질중독과 행위중독으로 나눌 수 있다. 자세한 내용은 필자의 책 『중독』을 참고하기 바란다. 물질중독은 의존성을 초래하는 물질의 사용으로 발생하며, 종종 심리적 및 신체적 금단증세를 초래한다. 알코올중독은 대표적인 물질중독이다. 2023년 통계에 따르면, 국내 알코올중독으로 사망한 환자수가 무려 4,928명(9.6%)에 이르렀다. 마약중독은 알코올중독 다음으로 흔한 물질중독이다. 옥시코돈, 하이드로코돈, 모르핀과 같은 처방 진통제에서 헤로인, 펜타닐과 같은 불법 약물까지 그 종류도 다양하다. 과거 연예계를 중심으로 부분적으로 거론되던 마약 문제가 이제는 회사원과 학생, 주부를 가리지 않고 마약사범이 되면서 사회 전반의 문제로 확대되었다. 2023년 한해 마약사범은 27,611명으로 최초 2만 명을 넘겨 역대 최대치를 기록했고, 전년도(18,395명) 대비 약 50.1% 증가했다. 통계상으로 대한민국은 더 이상 '마약 청정국'이 아니다.

코카인이나 메스암페타민, 아드레랄 및 리탈린과 같은 향정신성 약물중독도 폭증하고 있다. 이러한 약물은 복용 후 순간적으로 에너지와 경각심을 올리지만, 무분별하게 누적될 경우, 심혈관계 문제와 편집증 같은 위험한 신체적 및 정신적 악영향을 초래한다. 이 밖에 벤조디아제핀이나 바르비투레이트와 같은 자극제 약물남용이나 LSD나 PCP, 실로시빈 버섯, MDMA(엑스터시/몰리) 같은 환각물질의 남용도 최근 심각하다. 미국 필라델피아 북동부 켄싱턴 거리에 펜타닐에 취해 중독자들이 좀비처럼 걸어 다니는 모습이 매스컴을 타면서 전 세계에 충격을 줬다. 약물을 구하기 힘든 청소년들을 중심으로 흡입제를 이용한 환각 상태도 뉴스를 통해 빈번히 보고되고 있다. 접착제(본드)나 페인트 희석제, 아산화질소와 같은 가정용 제품들이 마약 대체제로 주로 사용된다. 흡입제는 즉각적이고 심각한 뇌 손상을 초래할 수 있기 때문에 자라나는 청소년들의 건강에 매우 위험하다.

물질중독	행위중독
알코올중독, 마약중독, 약물중독, 니코틴중독, 환각물질/흡입제 남용 등	도박중독, 섹스중독, 쇼핑중독, 게임중독, 운동중독, 식이중독, 투자중독 등

반면 행위중독은 특정 행위에 강박적으로 몰두하는 것으로 이는 물질중독과 유사한 방식으로 뇌의 보상체계를 활성화하여 부정적인 신체적, 정신적 결과를 초래한다. 대표적인 행위중독으로는 도박중독을 들 수 있다. 카지노나 스포츠토토 베팅, 불법 온라인 플랫폼을 통한 도박은 종종 심각한 재정적, 정서적, 관계적 피해를 일으킨다. 인터넷 및 게임중독도 도박중독 못지않게 위험하다. 최근 도박장이 대부분 온라인 사이트로 넘어가면서 이 두 가지가 함께 나타나기도 한다. 이제 게임처럼 도박도 재미로 하다가 어느새 중독의 늪에 빠지고 마는 것이다.

쇼핑중독이나 운동중독, 섹스중독은 지속적이고 통제할 수 없는 쇼핑 및 섹스 욕구로 재정적 부담과 정서적, 신체적 문제를 야기한다. 섹스중독은 상대에 대한 집착의 형태로 나타나는데 학자들은 성관계를 통해 스트레스를 해소하는 행태를 관계중독의 하나로 규정한다. 관계중독에 관해서는 필자의 책『관계중독』을 참고하기 바란다. 또한 강박적인 과식 또는 폭식, 거식과 금식뿐 아니라, 종종 설탕이나 지방 또는 탄수화물이 높은 음식을 과도하게 섭취해야 포만감을 느끼는 식이중독도 심각하다. 물질중독과 행위중독 모두 뇌의 보상체계에 의해 촉발되며, 이를 극복하기 위해서는 전문적인 치료와 장기적인 지원이 필요하다.

🔍 대표적인 중독 이론 두 가지

오늘날 도파민과 관련하여 중독을 설명하는 대표적인 가설이 두 개 있는데, 그중 하나는 도파민을 만들어내는 보상체계 기능에 문제가 생겨 중독이 일어난다는 보상결핍이론reward deficiency theory이고, 다른 하나는 중독의 요인을 보상체계와 도파민체계로 나누어 근본적으로 다르게 봐야 한다는 유인민감화이론incentive sensitization theory이다. 이 중에서 보상결핍이론은 두뇌에 존재하는 보상회로의 민감성이 감소되어 중독에 빠진다는 이론이다. 보상결핍이론에 따르면, 인간은 모두 뇌에 보상회로를 가지고 있는데, 유전적으로 도파민 기능에 문제가 있는 사람은 그 보상회로가 둔감해지면서 중독에 빠진다는 것이다. 이런 사람들은 자연적인 보상에 대한 두뇌 반응이 정상인들보다 현격히 낮기 때문에, 이를 보충하기 위해 보상회로를 자극할 수 있는 다른 물질들을 탐닉하게 된다.

반면 유인민감화이론은 보상을 '좋아하기liking'와 '원하기wanting'로 나누고 둘이 우리 뇌에서 각기 다른 체계로 작동한다고 이해한다. 보통 사람들은 좋아하기와 원하기가 같은 감정이라고 착각하는데, 사실 둘은 뇌에서 전혀 다르게 인식되는 정서로 보아야 한다는 것이다. 이 이론에 따르면, 보통 원하기는 도파민이라는 신경전달물질을 사용하는 뇌의 커다란 통로에서 일어나는 일이라면, 좋아하기는 도파민을 사용하지 않는 부분, 보다 작고 쾌락을 관장하는 국부에서 일어나는 일이다. 따라서 원하기에서 오는 쾌락은 도파민 체계에 의존하는 반면, 좋아하기에서 오는 쾌락은 보상체계에 의존한다. 중독자는 마약을 원하지만 마약이 주는 효과와 그 결과는 더 이상 좋아하지는 않는다. 유인민감화이론에 따르면, 이 단계가 바로 중독인 셈이다.

영화 「뷰티풀 보이」는 아들의 마약중독 앞에서 무너져 내리는 아버지의 일상을 담담하게 그린다. 영화의 시작과 함께 아버지이자 성공한 프리랜서 작가인 데이비드는 약물중독 전문가를 찾아간다. 취재차 자신을 찾은 것이라 생각한 전문가는 데이비드에게 이번에 쓰고 있는 책 제목이 뭔지 묻는다. 질문에 데이비드는 이번에 당신을 찾은 것은 글 작업 때문이 아니고 개인적으로 도움을 받고 싶어서라고 말한다. "제 아들이 약물중독이거든요." 그러면서 벽에 큰 글씨로 붙어 있는 다음과 같은 구호를 물끄러미 응시한다.

네가 야기한 게 아냐You didn't CAUSE it.
네가 제어할 수 있는 게 아냐You can't CONTROL it.
네가 치료할 수 있는 게 아냐You can't CURE it.

유명한 알-아논의 3C라는 구호다. 중독은 모래 늪과 같아 빠져나오려고 발버둥 칠수록 더 깊이 빠진다. 우린 스스로의 힘으로 중독에서 벗어날 수 없다. 우리가 야기한 게 아니기 때문이다. 투자중독 역시 이러한 메커니즘을 고스란히 갖고 있다. 뇌에서 분비되는 도파민이 중독의 직접적인 요인이라는 이러한 설명은 약물치료로 가는 길을 열어 주었다. 오늘날 치료와 재활 과정에서 사용되는 약물들이 도파민을 조절하는 기전을 가지고 있는 이유가 바로 이것이다. 뒤이어 설명하겠지만, 투자중독을 치료하는 데 약물이 필요한 것은 분명하지만, 약물만으로 중독 행위를 완전히 치료할 수는 없다는 사실은 임상적으로나 상담학적으로 자명하다. 이 책은 바로 이런 이유로 쓰였다. 다음 장에서는 보다 구체적으로 투자중독에 대해 알아보도록 하자. ❖

투자중독이란 무엇인가

'인생 역전, 100배 보장!'

오늘도 인터넷에는 우리의 눈과 귀를 현혹하는 자극적인 주장과 구호가 넘쳐난다. 누군 주식으로 10억을 벌었다느니 친구 하나는 코인으로 50배 수익을 거뒀다느니 정확한 사실관계도 알 수 없는 소문과 루머가 소시민의 가슴을 사정없이 뛰게 만든다. 시장에서 거래되는 각종 금융 상품은 저마다 높은 수익을 약속하며 투자자를 유인한다. 투자를 진행하지 않는 사람은 세상 물정을 모르는 사람이나 시대에 뒤떨어진 낙오자처럼 몰아간다. 그래서인지 요즘 주식 한 주 갖고 있지 않은 사람을 찾아보기 힘들다. 휴대폰을 들여다보면 너나

할 것 없이 주식앱 한두 개쯤은 다 깔려 있다. 바야흐로 투자의 황금
시대가 도래했다.

🔎 제가 투자중독이라구요?

중독 진단을 내리면 많은 내담자가 화들짝 놀라며 되묻는다. 투자
에도 중독이 있는지 처음 알았다, 중독은 마약이나 도박 같은 것들
에나 있는 거 아니냐, 투자가 중독성이 있다면 나라가 막아야 하는
거 아니냐, 이럴 줄 알았다면 주식에는 얼씬도 하지 않았을 거다. 내담
자들은 필자 앞에서 푸념과 함께 여러 넋두리를 여과 없이 쏟아낸다.
그런데 분명히 짚고 넘어가야 할 사실은 주식투자 역시 도박처럼 중
독될 수 있다는 점이다. 그리고 그 파괴력은 도박중독 못지않다.

처음에 투자중독은 도박중독과 비슷한 형태를 띤다. 투자 역시 도
박처럼 큰 재정적 보상을 약속하기 때문이다. 도박도 원금을 잃을
위험을 수반한다. 어찌 된 영문인지 인간은 위험이 크면 클수록 도
박으로 얻을 수 있는 보상에 더 큰 짜릿함을 느낀다. 투자중독 역시
이런 비슷한 메커니즘을 띤다. 많은 투자자가 경시하는 부분 중 하
나는 도박으로 입을 수 있는 잠정적 손실보다 투자로 잃을 수 있는
비용의 손실이 더 클 수 있다는 점이다. 왜냐면 도박의 위험성은 누

구나 익히 알지만, 투자의 위험성에 대해서는 아무도 이야기해 주거나 걱정하지 않기 때문이다.

이렇게 말하면 대번 국가가 선제적으로 나서서 투자의 범위나 형식을 정하고 규정과 제도를 정비하여 투자가 자칫 투기나 도박으로 흐르지 않을 수 있도록 조치해야 하는 거 아니냐 되묻는다. 그런데 우리나라 강원랜드의 사례를 보라. 지금도 성인이면 누구나 당장 손쉽게 카지노에 출입할 수 있다. 다시 말해, 그게 도박이 됐든 투자가 됐든, 대한민국을 비롯하여 오늘날 대부분의 자유민주주의 국가는 모든 행동의 결과를 당사자가 수용하는 무한책임주의 원칙을 보여준다. 이런 관점에서 투자 역시 모든 책임을 투자자에게 귀속하는 정책으로 마냥 정부만 탓할 수는 없다. 그런 의미에서 이 책이 필요하다.

투자중독의 정의는 어떻게 될까? 광의적으로 말해서, 투자중독은 개인이 투자 활동에 강박적으로 참여하여 그로 인해 신체적, 정신적, 사회적으로 부정적인 결과를 초래하는 상태를 의미한다. 이 중독은 주식이나 부동산, 암호화폐 등 다양한 투자 자산에 대한 과도한 관심과 참여로 나타난다. 서구에서는 흔히 투자중독investment addiction이나 주식중독stock addiction, 주식시장중독stock market addiction 등으로 불린다. 최근 2020년대 전 세계를 강타한 비트코인 랠리 이후 코인중독coin addiction이나 암호화폐중독cryptocurrency addiction으로도 활발히 연구되고 있다. 국내에서는 아직 투자중독에 대한 연구가 미미한 수준이지만, 일부 사회 병리적 현상으로 설명하는 연구가 하나둘 나오고 있다. 앞으로 상담치료의 관점에서 투자중독에 관한 보다 다양한 연구가 나와야 한다. 어쩌면 이 책은 그러한 방향에서 국내에 출시된 최초의 저서일지도 모른다.

🔍 뇌과학으로 들여다본 투자중독

투자중독자의 뇌내 메커니즘은 잃은 돈을 만회하려는 도박꾼의 메커니즘과 비슷하다. 처음에 투자가 잘 풀리면 사람들은 자신이 잘 하고 있다고 생각하고, 이런 식으로 재산을 증식하여 소위 '영 앤 리치'로 은퇴하는 미래의 자신을 상상한다. 잡지에서 보는 것처럼 해변에 멋진 별장을 짓고 선베드에 누워 유유히 칵테일을 마시는 삶이 코앞으로 다가온 듯하다. 상상만으로도 즐거운 일이다. 그런데 경제 상황은 누구도 정확히 예측하거나 통제할 수 없다. 불안한 외부 요인은 투자에 악재를 선사하고, 그렇게 투자금은 점차 녹아 없어진다. 이때 나타나는 심리적 함정은 손실을 빨리 만회하려고 하는 것이다. 이는 점점 더 위험한 베팅으로 이어지며, 결국 절망의 구렁텅이로 빠져드는 결과를 초래한다.

투자자가 손실을 만회하기 위해 더 많은 거래를 시도하는 상황이 처음에는 진정한 중독의 징후가 아닐 수 있다. 안타깝지만, 결국 도박중독과 큰 차이가 없다. 만약 강박과 중독에 관한 심리적 경향성이 있는 사람이라면, 처음에는 무해하고 저렴했던 즐거움이 점차 집착적인 욕구로 돌변하기 쉽다. 이는 최근 뇌과학의 연구 결과와 다르지 않다. 뇌의 작은 부분에 해당하는 측좌핵nucleus accumbens은 일상의 경험을 평가하고 반응하는 역할을 담당한다. 앞서 언급한 것처럼 이 부위는 맛있는 음식이나 알코올, 마약, 성관계, 도박 등 다양한 행위에 반응하는 이른바 쾌락 센터다.

실제로 뇌는 도파민이라는 아편과 유사한 물질을 생성하여 쾌락 센터를 보상한다. 도파민은 특정 활동에 대해 보상을 주어 뇌가 이를 열정적으로 수행하도록 학습하게 만든다. 따라서 삶과 재정적 안정이 그것에 달려 있더라도, 이를 재훈련하고 역행하는 것은 매우 어렵다. 따라서 일상생활에 영향을 미칠 정도로 지나치게 많은 시간을 투자에 몰두하거나 가족관계나 친구, 그리고 직장을 소홀히 한다면, 투자중독의 가능성이 있다는 사실을 인식해야 한다. 자신의 삶이 재정적인 안정과 일확천금의 환상에 매몰되어 모든 것이 마치 블랙홀처럼 주식투자에 빨려들어 간다면, 생각보다 훨씬 빨리 인생에 재앙이 닥칠 수 있다.

주식투자는 강렬한 경험을 준다. 사실 이 경험은 수익이나 손실과는 무관하다. 어떤 면에서 투자 자체로 투자자는 원하는 목적을 이미 달성했다고 볼 수 있다. 투자에 임하는 순간, 뇌는 도파민과 세로토닌 같은 신경화학물질을 쏟아낸다. 이 물질들은 도박중독자에게서 찾을 수 있는 것과 동일한 화학물질로 알려져 있다. 쉽게 말해, 슬롯머신에 앉아 있는 사람의 뇌와 주식창을 바라보고 있는 사람의 뇌가 비슷하다는 것이다.

이와 관련한 헤아릴 수 없이 많은 연구가 이미 존재한다. 그중에 하나를 언급하자면, 2018년, 일군의 폴란드 학자들에 의해 수행된 연구가 있을 것이다. 그들은 투자 위험률이 높으면 높을수록 도파민이 맹렬히 분비되는 투자자들이 있으며, 그들의 뇌에 도파민 수용체 D4 유전자가 변이된 형태로 존재한다는 사실을 알아냈다. 이들은 도파민에 대한 민감성이 낮아 투자 결정에 있어 더 많은 자극을 추구하는 경향을 보였다는 것이다. 이에 연구팀은 금융 투자 위험을 감수하는 데 익숙한 113명의 집단과 투자 경험이 전혀 없는 104명의 비투자자 집단 간의 위험을 바라보는 성향의 차이를 비교 조사했다. 결론은 예상대로였다. 위험 감수 성향에 있어 투자자 집단이 비투자자 집단보다 훨씬 높았던 것.

왜 이런 일이 일어날까? 일상적으로 의사결정을 내리는 과정에 관여하는 뇌 부위가 투자 행위에도 똑같이 관여하기 때문이다. 개인의 의사결정은 인지적 편향이나 감정적 편향에 영향을 받기 때문에,

주식투자에 있어 이러한 편향의 근원을 이해하는 것이 중요해졌다. 뇌과학의 발달로 최근 투자와 뇌신경 사이의 연관성을 연구하는 신경금융학neurofinance이라는 분야가 만들어진 것도 이와 무관하지 않다. 다른 이름으로 신경경제학neuroeconomics이라 불리는 이 분야는 금융 투자의 모든 과정을 신경학과 심리학, 뇌과학으로 분석하여 인간의 뇌 활동과 금융 투자 간의 관계를 과학적이고 체계적으로 설명해 준다.*

　뇌는 감정적, 운동적, 인지적 정보를 전달하는 다섯 개의 주요 경로를 갖고 있는데, 보상 시스템에서 정보를 전달하는 뉴런은 주로 도파민이라는 신경전달물질을 통해 신호를 주고받는다. 도파민은 식욕과 성욕뿐 아니라 다양한 인지 과정에서 가장 중요한 생화학적 역할을 수행한다고 한다. 자산 증식에 대한 욕구나 평판에 관한 열망, 고통을 회피하려는 의도에도 도파민은 깊숙이 관여한다. 결론적으로 도파민 분비와 흡수에서 조금만 문제가 발생해도 대번 투자에 관한 중요한 의사결정에 영향을 미칠 수밖에 없다. 투자중독은 이처럼 우리 뇌에서 시작된다.

---

* 신경금융학은 2005년 일군의 학자들이 자기공명영상을 사용해 뇌의 특정 영역, 특히 측좌핵의 신경 메커니즘을 연구하면서 등장했다. 이전까지 행동금융학이라는 개념은 심리학과 행동 이론을 연결하는 데 그쳤으나, 비약적인 뇌과학의 발달 덕택에 행동 이론에 뇌과학의 결과물을 적용할 수 있는 길이 열렸다.

🔍 투자중독의 징후 및 증상

투자중독 역시 다른 행위중독처럼 뚜렷한 징후와 증상을 보인다. 대표적인 징후로는 직장이나 학업 성과가 급격히 저하되고, 가족이나 친구와의 관계가 소원해지고 갈등이 잦아진다. 주변 지인에게 자주 돈을 빌리거나 쉽게 들통날 거짓말을 한다. 끊임없이 주식차트나 투자 계좌를 확인하는 강박적인 행동을 보이기도 한다. 코인투자의 경우, 밤낮없이 투자 관련 정보를 탐색하거나 집착적으로 앱을 들여다본다. 남들이 보기에 어딘가 불안해 보이고 끊임없이 초조해한다. 투자 손실로 인해 수치심과 불안감, 우울감에 시달리며 투자에서 얻는 즐거움이 줄어들지만, 스스로 그만두지 못한다. 누가 보더라도 리스크가 큰 투자에 무리하게 자금을 투입하거나 그간의 손실을 만회하기 위해 더 큰 금액을 투자하는 '묻지마 투자' 혹은 '몰빵 투자'를 시도한다.

투자중독과 관련된 증상으로는 학업이나 직장에 투여되어야 할 시간의 대부분을 투자 관련 정보를 검색하거나, 주식차트를 확인하는 데 낭비하면서 투자에 대한 과도한 기대감으로 직장이나 생계, 재정 등 현실적인 문제들을 회피하는 것이다. 당연히 학업과 업무에 소홀해지면서 일상의 여러 부분에서 파열음이 감지된다. 이를 덮기 위해 더 빈번한 이직이나 휴학을 반복하고 주변에 거짓말을 일삼게 된다. 가족이나 친구에게 투자로 인한 손실이나 부채 상황을 숨기고, 자신의 투자 습관을 과소평가한다. 생활비를 투자금으로 사용하는 등 경제적 문제가 악화된다. 투자 규모나 빈도를 조절하지 못하고 점점 더 많은 돈을 투자하고, 손실이 발생해도 투자를 멈추지 못하는 스스로를 자책한다. 이 과정에서 약물을 남용하거나 자해를 진행하기도 한다. 결국 과도한 투자로 인해 일상생활이 거의 불가능해지는 지경에 이른다.

일반적인 좌절감과 공격성, 그리고 다른 개인 문제들을 억누르려는 시도는 투자중독이 가져오는 또 다른 징후라고 할 수 있다. 최악의 경우, 개인위생과 신체 건강을 소홀히 하는 모습도 얼마든지 나타날 수 있다. 친구에게 돈을 빌리거나 한 신용카드로 다른 신용카드를 돌려막는 경우는 스스로 투자 습관을 제어할 수 없다는 강력한 증거가 된다. 얼마 전 모 유명 개그맨이 온라인 불법 도박으로 수억 원대 빚을 졌다는 뉴스가 보도되기도 했다. 전도유망했던 그는 2020년 우연한 기회로 인터넷 도박 사이트에서 게임을 시작하게 됐고 감당하기 힘든 빚을 떠안게 됐다. 그 과정에서 동료 개그맨과 연예인들에게 크고 작은 돈을 빌리면서 물의를 일으켰다. 투자중독도 똑같다. 이러한 신호들은 투자가 단순한 거래를 넘어 심각한 중독으로 발전하고 있음을 드러낸다. ❖

투자중독은 얼마나 위험할까

인간을 흔히 '이성적인 동물'이라 부르지만, 사실 인간만큼 감정에 충실한 동물도 드물다. 하루 24시간 동안 내리는 결정의 93% 이상이 감정적인 결정이라고 하니 사람들은 생각처럼 그렇게 이성적이지 않은 셈이다. 자신을 꽤 이성적인 사람이라고 여기는 이들도 한두 번의 실수로 멘털이 깨지며 엉뚱한 결정을 내리는 걸 종종 보게 된다. 투자 역시 마찬가지다. 많은 투자자가 스스로 시장보다 똑똑하다고 착각하지만, 사실 감정 때문에 패닉셀과 같은 실수를 저지른다. 전설의 투자가 앙드레 코스톨라니가 "돈을 뜨겁게 사랑하되 차갑게 다루라."고 조언한 이유도 여기에 있다. 이성적인 투자자가 감정적인 투자자보다 장기적으로 더 많은 돈을 번다는 것은 거의 반박 불가능한 사실이다.

그런데 감정을 조절하고 냉철한 이성으로 시장의 지표를 분석하는 게 말처럼 그렇게 쉬운 일은 아니다. 누구는 정확한 정보가 쌓이면 이성적으로 판단할 수 있을 거라고 말하는데, 행동심리학자들에 따르면, 도리어 과도한 정보가 판단력을 흐릴 수 있다고 주장한다. 많은 이들은 정보가 많으면 투자에 유리하다고 믿는다. 그래서 예로부터 증권가에는 누가 만들었는지 그 이유를 묻지 않는 찌라시가 넘쳐난다. 그러나 불필요한 정보는 때로 우리의 이성을 마비시키고 확증편향에 빠지도록 만든다. 투자중독이 다른 중독보다 특히 무서운 이유는 바로 여기에 있다.

투자중독의 위험성

투자중독은 알코올, 마약과 같은 물질중독이나 도박, 섹스와 같은 행위중독과 여러 면에서 비슷하지만, 몇 가지 특성 때문에 더 위험하고 심각한 결과를 초래할 수 있다. 특히 사회적 인식, 합법성, 접근성, 그리고 투자중독이 미치는 자산 손실의 규모와 파급 효과 면에서 그 위험성이 남다르다. 이번 장에서는 투자중독이 다른 행위중독보다 더 위험한 이유에 대해서 살펴보도록 하자.

제일 먼저 투자중독의 위험성은 사회 전반에 퍼진 투자에 대한 긍정적인 반응에서 기인한다. 이상하게 들리겠지만, 투자는 사회적으로 용인되는 중독행위다. 투자 행위 자체는 사회적으로 존중받거나 권장되는 경우가 많다. 이름만 대면 누구나 알 수 있는 여러 투자자들은 경제적으로 돈도 벌고 사회적으로 존경을 받기까지 한다. 아무리 범죄자라고 해도 경제 사범에게는 사회 전체가 관대한 편이고 어쨌든 돈만 벌면 누구나 대단하다고 칭송하는 걸 보면 오늘날 사회 분위기가 천민자본주의의 민낯을 여과 없이 보여주는 것 같다. 이런 사회 분위기는 투자중독이 위험천만하고 잘못된 행위라는 사실을 망각하게 만든다.

두 번째 투자중독의 위험성은 중독에 대한 인식의 부재에 있다. 투자중독자는 '열정적인 투자자' 또는 '성공을 추구하는 사람'으로 포장되기 일쑤다. 한두 번 주식으로 전 재산을 말아먹은 에피소드는 성공 스토리로 가는 데 필요한 양념에 불과하다. 빚투에, 영끌에, 온갖 드라마틱한 소재들이 다 동원되고, 심지어 도덕적으로 부조리한 일을 벌여도 성공해서 돈만 벌면 모든 게 용서되는 분위기에서 우리는 루저가 아닌 영웅을 원하기 때문이다. 우리 사회는 투자중독이라는 개념 자체를 부정한다. 투자중독이라는 말이 가난하고 나약한 이들이 지어낸 거짓말이자 핑계라고 여긴다. 당연히 투자 행위는 법적으로 금지되지 않고 오히려 장려되는 경우가 많다. 투자와 투기 사이의 경계가 모호하기 때문에 건전한 투자와 중독적 투자의 경계가 불분명하다. 문제가 심각해질 때까지 스스로 중독을 인식하기 어려운 이유가 여기에 있다.

세 번째 투자중독의 위험성은 무제한적 자금 손실에 기인한다. 다른 중독에 비해 투자중독이 가져오는 후과는 한 개인이 감당하기에 힘들 정도로 막대하다. 흔히 마약중독자는 결국 자신의 몸을 해하고 건강을 잃는 것으로 끝난다. 섹스중독 역시 한 개인이 홍등가를 배회하거나 섹스파트너를 구하다가 원치 않는 성병을 얻거나 성범죄자로 전락하는 것으로 귀결할 수 있다. 반면 투자중독에 노출된 개인은 자신의 모든 것을 파괴하고 만다. 투자자는 손실을 만회하기 위해 더 많은 빚을 내어 투자를 지속하다가 금융대출이나 사기를 일삼고 스스로 일어설 수 있는 경제적 토대마저 무너뜨리는 경우가 다반사다. 그뿐이 아니다. 투자중독은 단순한 개인 자산의 손실을 넘어 가족과 친구, 직장 등 주변 사람들에게도 막대한 피해를 준다.

네 번째 투자중독의 위험성은 최근 온라인을 비롯한 여러 기술 발전과 높은 기술 접근성으로 인해 발생한다. 90년대만 하더라도 주식투자는 투자자가 증권사에 직접 가서 매수와 매도를 위해 직접 용지에 호가를 기입해서 직원에게 전달하는 방식으로 이뤄졌다. 그러나 투자의 인프라와 시스템이 모두 온라인으로 옮겨간 이후, 주식투자는 내 손 안에 있는 휴대폰 안에서 실시간으로 진행할 수 있게 되었다. 스마트폰 앱과 거래 플랫폼이 모두 완벽한 인터페이스가 가능하다 보니 이를 통해 몇 번의 터치로 손쉽게 투자가 가능해진 것이다. 암호화폐는 한술 더 뜬다. 언제 어디서나 24시간 투자가 가능하다 보니 밤이고 낮이고 자유롭게 거래소에 출입할 수 있다. 이렇게 자발성을 담보한 투자 기기에의 접근 용이성은 투자중독의 시점을 어디에서 잡아야 할지 그 기준을 애매하게 만들어 주었다. 도박중독의 경우, 도박장이나 하우스에 직접 가거나, 온라인 도박 사이트에 접속해야 하고, 마약중독의 경우, 중독 물질을 직접 구입하거나 사용할 장소를 찾아야 하는 것과는 큰 차이가 나는 부분이다.

투자중독을 일으키는 요인

여타 중독과 마찬가지로 투자중독 역시 여러 가지 요인으로 일어난다. 먼저 투자중독의 요인을 언급하기에 앞서 최근 외국 학계를 중심으로 행위중독에 취약한 유전자가 따로 있다는 연구가 속속 발표되고 있다. 문제는 이러한 연구가 자칫 중독에 대한 결정론적 시각을 줄 수 있다는 점에서 주의할 필요가 있다. 특히 유전자가 중독에 대한 취약성을 대부분 결정한다고 해도 모든 유전자 변이 보유자가 100% 중독에 빠지는 건 아니기 때문에 중독 유전자가 어떤 환경적 요인을 만나느냐를 따져봐야 하는데 그러한 연구 분야를 후성유전학epigenetics이라고 한다.

환경적 요인은 무시할 수 없는 투자중독의 요인으로 꼽힌다. 주변을 둘러보라. 마음만 먹으면 주식정보를 손쉽게 얻을 수 있다. 유명 유튜버나 블로그, 증권사 홈페이지, 각종 투자 컨설팅에서 매일같이 그날의 증시와 주가 예측, 산업 동향, 투자 전망 등 뉴스피드를 올린다. 문자로, 카톡으로, 짧은 영상으로 하루에 시도 때도 없이 투자 정보가 전달된다. 나에게 주어지는 정보에는 아무 잘못이 없다. 문제는 그런 정보가 트리거가 되어 강렬한 금단증세를 일으킨다는 데 있다. 마약중독자나 도박중독자와 가장 큰 차이점이 여기에 있다. 맨정신이라면 주변에서 마약이나 도박을 장려하는 환경을 상상하기란 쉽지 않다. 하지만 투자와 관련된 환경과 정보 인프라는 전혀 다르다. 도리어 투자를 하라고, 21세기에 투자를 하지 않으면 낙오자가 된다고, 스마트하고 유능한 사람이면 누구나 투자를 한다며 투자를 부추기는 환경에 우리 모두는 쉽게 노출되어 있다.

우리가 특히 주목해야 할 요인으로는 환경적 요인 외에도 심리적 요인과 경제적 요인이 있다. 스트레스나 경제적 어려움, 사회적 고립 등 환경적 요인이 중독 유전자 발현에 영향을 미칠 수 있지만, 그게 전부가 아니다. 매스미디어의 발달, 특히 유튜브의 인기에 힘입어 최근 다양한 성공 신화가 사람들의 주목을 받으면서 주변 사람들의 투자 성공 사례나 경험담에 노출되는 정도가 투자중독의 중요한 기준이 되고 있다. '300만 원으로 10억을 벌었다.' 같은 과장된 성공담에 빈번히 노출될 경우, 비현실적인 투자 목표를 추구하도록 자극받을 수 있다는 연구도 있다. 일부에서 이런 영상을 '성공 포르노'라고 부르는 이유도 이와 무관하지 않다.

세 번째, 투자중독을 일으키는 요인으로 경제적 요인을 빼놓을 수 없다. 역시 투자중독은 경제적인 문제와 관련이 깊은 중독이다. 재정적 압박을 받는 개인이라면 경제적 어려움을 쉽고 빠르게 해결하고자 위험한 투자에 뛰어드는 경우가 많다. 실직이나 부채, 생활비 부족 등이 투자중독의 도화선이 될 수 있다. 왜 최근 넷플릭스 드라마로 방영되어 전 세계에 인기를 얻은 「오징어게임」 역시 빚에 시달리며 벼랑 끝에 내몰린 사람들을 한곳에 긁어모아 목숨값을 걸고 승자승 원칙의 게임을 벌이는 줄거리를 갖고 있지 않은가? 원금은커녕 당장 대출금 이자도 갚지 못하는 상황에 놓였다면, 어린 딸이 불치병에 생사를 넘나드는데 수술은커녕 당장 병원비와 치료제를 구할 돈도 없는 처지에 내몰렸다면, 누구라도 하이 리스크 하이 리턴의 무모한 투자에 나설 것이기 때문이다.

네 번째, 개인이 갖고 있는 성향이나 기질도 무시할 수 없는 중독 요인으로 작용할 수 있다. 애초에 충동적 성향을 갖고 있는 개인이라면 무분별한 모험과 도박에 쉽게 노출된다. 그리고 본능적으로 사행성 게임에 끌리는 성격이며 남들보다 즉흥적이고 충동적인 성격을 가진 사람이라면 투자중독에 빠질 확률이 높다. 낮은 자존감도 중독에 한몫할 수 있다. 자존감이 낮은 사람은 투자 성공을 통해 자신의 가치를 증명하려는 강박적 사고에 매몰되기 쉽다. 회복탄력성이 부족하여 한 번의 실패로 모든 것을 잃었다고 좌절하는 경우도 투자중독에 취약한 사람이다. 급성심장부정맥으로 남편을 잃고 자살을 생각할 정도로 절망했던 셰릴 샌드버그Sheryl Sandberg는 『옵션 B』에서 회복탄력성을 방해하는 3P로 개인화와 침투성, 영속성을 들었다. 개인화는 문제의 원인을 자신에게 돌리는 사고방식이고, 침투성은 자신이 겪고 있는 문제가 삶의 모든 영역에 영향을 미칠 것이라고 믿는 사고방식이다. 제일 무서운 건 영속성이다. 영속성은 이 문제로 내가 영원히 고통받을 것이라는 믿음을 말한다. 투자중독에 쉽게 빠지는 이들은 일반인보다 이러한 '3P적 사고'에 쉽게 노출되고 감염된다.

이밖에 불평등한 사회 구조로 인한 패배감, 낮은 금융 리터러시, 습관적 문제 회피 등도 투자중독의 요인으로 꼽을 수 있겠다. 자산 불평등과 빈부 격차가 심화될수록 '한 방에 역전'하고자 하는 심리가 강해진다. 특히 젊은 세대가 이제는 노동 소득만으로는 부를 축적하기 어렵다는 인식과 함께 스스로 경제적 독립을 달성할 수 없다

개인화 personalization	"중독은 모두 내 잘못이야." • 모든 일이 자기 잘못이라고 자책하는 사고방식 • 제일 먼저 자신을 용서하는 법을 배워야 함. • 세상 모든 변수를 다 통제할 수 없다는 생각을 가져야 함.
침투성 pervasiveness	"중독이 결국 내 삶의 모든 걸 망쳐놓을 거야." • 인생의 한 부분이 다른 모든 부분에 영향을 미칠 수 있다는 사고방식 • 하나의 문제는 그 하나로 끝나며 다른 문제와 별개임을 배워야 함. • 문제에도 불구하고 여전히 가치 있는 부분이 있다는 생각을 가져야 함.
영속성 permanence	"나는 끝났어. 중독 문제로 평생 고통을 받을 거야." • 하나의 문제가 삶에서 영원히 지속될 거라는 사고방식 • 상황은 언제든지 바뀔 수 있음을 배워야 함. • 시간이 지나면 문제가 해결되고 일상으로 돌아갈 수 있다는 생각을 가져야 함.

는 패배감에 깊이 절어 있는 경우를 종종 보게 된다. 낮은 금융 리터러시도 투자중독의 위험성을 높이는 요인이다. 투자와 금융상품에 대한 올바른 이해 없이 높은 수익률만을 좇다 보니 투자중독에 빠지기 쉽다. 이들은 보통 리스크 관리나 분산투자와 같은 기본 원칙을 무시하는 경우가 많다. 자신의 투자 판단이 시장을 통제할 수 있다

고 믿는 '통제의 환상illusion of control'에 빠지는 경우나, 필수불가결한 단계들을 뛰어넘고 투자를 통해 무작정 빠른 수익 실현을 꿈꾸는 경우, 현실에서의 스트레스나 문제를 회피하기 위해 투자에 몰두하는 경우도 흔히 볼 수 있는 투자중독의 요인이다. ❖

성공 투자를 위한 자가 진단

대부분 중독자는 병식(병에 대한 인식)이 없다. 스스로 중독에 빠졌다는 사실을 모르거나, 알려줘도 아니라고 부정한다. 알코올중독자는 자기가 성격이 호탕해서 그런 거라며 언제든지 마음만 먹는다면 쉽게 술을 끊을 수 있다고 말한다. 투자중독자도 똑같다. 금단증세로 허우적거리면서도 단칼에 끊을 수 있다고 호언장담한다. 그래서 상담가로서 내담자에게 현실을 있는 그대로 수용하고 자신을 객관적으로 바라보고 평가할 수 있도록 설득하는 일은 언제나 힘들다. 그렇기 때문에 투자중독의 징후를 스스로 인식하거나 인정하는 것은 자기 평가 과정에서 제일 중요한 단계에 속한다. 일단 중독을 스스로 인정하고 문제를 인식해야 그 문제의 늪에서 빠져나오려고 시도할 수 있다. 문제를 해결하기 위한 나름의 적극적인 조치를 취할 수 있고, 필요하다면 전문가의 도움도 받을 수 있기 때문이다.

앞서 설명한 것처럼 투자중독 역시 다른 중독과 마찬가지로 세 가지 형태로 증상이 나타난다. 신체 증상과 행동 증상, 그리고 심리 증상이 그것이다. 신체 증상에는 신체에서 일어나는 변화나 불편감으로 불면증이나 호흡곤란, 만성 피로 등이 있으며, 조금만 관심을 갖고 스스로 관찰하면 금세 증상을 파악할 수 있다. 반면 행동 증상은 스스로 행동을 볼 수 없기 때문에 신체 증상보다 파악이 어렵다. 직장이나 학교에 출근이나 통학이 어렵거나, 갑작스러운 사회적 교류 변화, 취미 또는 관심사 변화, 약물 사용, 강박적이거나 반복적인 행동 등이 일반적이다. 투자중독의 증상 중에서 가장 알아차리기 힘든 것이 바로 심리 증상이라고 할 수 있다. 설명할 수 없는 두려움, 불안 또는 의심, 기분 변화, 과민 반응, 의욕 부족, 무기력, 우울 증상이 흔히 나타난다. 이러한 증상만으로 투자중독을 단정할 수는 없지만, 전문가와의 상담이 필요할 수 있다는 사실을 유념해야 한다.

🔍 투자중독 자가 진단

　필자는 그간 많은 내담자와 상담하면서 투자중독을 의심할 만한 여러 공통된 특징을 확인할 수 있었다. 그들은 모두 자신이 투자중독에 빠져있다는 사실을 인정하지 않았지만, 그들이 보인 행동은 한결같이 중독자의 행동과 같았다. 투자중독으로 볼 수 있는 이러한 유사 행동들을 추려 다음과 같이 15개의 질문을 이용해 자가 진단용 질문지를 만들었다. 해당 질문지를 만드는데 SAI(주식중독조사지)라 하여 기존 설문지를 참고했으며 임상에 활용된 자료를 2016년 출간된 「일반정신의학연보Annals of General Psychiatry」에서 일부 가져왔다. 이 자가 진단은 단순히 참고용일 뿐 어떤 경우에도 전문적인 진단을 대신할 수는 없다. 만약 다음 항목 중 본인이 다수에 해당한다면, 정신건강 전문의나 상담실의 도움을 받을 것을 추천한다. 편안한 마음으로 질문을 읽고 '예'나 '아니오'에 체크하기 바란다. 질문을 읽고 깊이 생각하거나 본인이 바람직하다고 판단하는 답변으로 스스로 유도해서는 정확한 진단 결과를 얻을 수 없다.

　체크한 '예'의 개수가 0~3개라면 투자에 대한 집착이 적은 편으로 투자중독의 위험이 거의 없다고 판단된다. 물론 그렇다고 안심해서는 안 되고 지속적인 자기 점검이 필요하다. '예'의 개수가 4~6개라면, 투자에 대한 과도한 몰입이 의심되며 투자중독의 위험이 상당

투자중독의 자가 진단을 위한 질문지 (정확한 진단을 위해 정직하게 체크하시기 바랍니다.)	예	아니오
1 스마트폰을 손에 쥐고 한시라도 주식창을 보고 있지 않으면 불안해서 견딜 수가 없습니까?	☐	☐
2 주가가 오르거나 뉴스에서 주식 관련 호재를 들으면 나도 모르게 흥분되고 가슴이 뜁니까?	☐	☐
3 지난 2주 동안, 주식투자를 생각하거나, 투자금을 마련할 방법을 고민한 적이 있습니까?	☐	☐
4 내가 투자하면 왠지 오를 것 같고, 지금 투자하지 않으면 크게 손실을 입을 것 같습니까?	☐	☐
5 투자를 중단하거나 투자금을 줄이려 할 때 초조함이나 짜증을 느낀 적이 있습니까?	☐	☐
6 투자를 멈추거나 줄이거나 조절하려고 여러 번 시도했으나 성공하지 못한 적이 있습니까?	☐	☐
7 죄책감, 불안, 무력감, 우울감 등 불편한 감정을 잊으려고 투자한 적이 있습니까?	☐	☐
8 투자에서 손실을 본 날, 이를 만회하기 위해 며칠 내로 다시 투자에 나선 적이 있습니까?	☐	☐
9 투자금 손실에 대해 가족이나 친구, 지인에게 세 번 이상 거짓말한 적이 있습니까?	☐	☐
10 투자가 아닌 다른 방법으로 스트레스를 해소하거나 기분을 전환하기 어렵습니까?	☐	☐
11 나는 왠지 남들과 달리 투자하기만 하면 돈을 딸 수 있는 능력(운)이 있는 것 같습니까?	☐	☐
12 투자금을 마련하려고 금융기관에서 돈을 빌리거나, 사람을 속인 적이 있습니까?	☐	☐
13 손실을 만회하려고 '마지막으로 한 번 더'라는 심정으로 큰 금액을 투자한 적이 있습니까?	☐	☐
14 투자 문제로 가족, 친구와 관계가 어그러졌거나, 직장, 학업에서 문제를 일으킨 적 있습니까?	☐	☐
15 투자 손실로 인해 자살 충동을 느끼거나 극단적 선택을 생각한 적이 있습니까?	☐	☐

하다고 할 수 있다. 투자 습관을 점검해보고 전문가 상담을 고려해 봐야 한다. '예'의 개수가 7~9개라면 투자중독의 위험성이 꽤 높다고 보여준다. 적극적으로 전문가 상담과 지원이 필요하다. '예'의 개수가 10개 이상이라면 이미 투자중독이 매우 심각한 상태일 가능성이 높다. 즉각적인 전문 치료와 가족의 지원이 필요하다.

전 이제 어떡해요?

아마 어떤 독자들은 자가 진단 결과를 받아 들고 마음이 복잡할 것이다. 일부는 애매한 진단에 더 혼란스럽기만 할 것이다. 당연하다. 투자중독이라는 게 너무 생소해서 과연 어디까지 진단을 믿어야 할지 고민될 것이다. 사실 투자중독이라는 개념이 학계에 알려지기 시작한 것은 채 15년이 넘지 않았다. 그래서 이전까지 학계에서조차 투자중독은 도박중독이나 인터넷중독의 하위 개념이나 아류로 취급받곤 했다. 그런데 일상을 파괴하고 문제가 심각해지기 전에 한 명의 생활인으로서 투자중독에 대해 근본적인 물음을 던져보고 스스로 해답을 찾아보는 것은 매우 시의적절하다.

2023년, 국내에서 의미 있는 연구가 진행되었다. 삼육대학교 상담심리학과 연구팀은 주식투자 경험이 있는 국내 272명 성인을 대상으로 투자중독과 내성의 관계를 규명하는 논문을 내놓았다. 해당 연구팀은 국내 성인들의 감각 추구와 삶의 만족도 기대가 투자중독 경향에 미치는 영향에 대한 고통 내성의 조절 효과를 검증하고자 했다. 결론적으로 연구팀은 온라인 설문을 분석하여 개인이 현실에서 경제적으로 부정적인 삶을 예상할수록 투자중독의 경향이 높아지는 것으로 결론지었다. 이러한 결과는 삶의 만족도 기대가 다양한 행위 중독에 유의미한 영향을 미친다는 이전 연구 결과들과 유사하다. 쉽게 말해, 경제적인 위기감을 느끼거나 고용에 대한 불안이 높을 경우, 개인은 조급성을 띠고 부정적인 현실을 하루라도 빨리 개선하기 위해 과도한 투자에 몰두할 수 있다.

연구팀은 현실의 경제적 문제를 한 방에 해결하기 위해 주식이나 암호화폐 투자에 뛰어드는 건 좋은 선택이 아니라고 조언한다. 급할수록 돌아가야 한다. 아무리 급해도 실을 바늘허리에 매어 못쓰는 법이다. 불확실한 미래에 대비하는 것은 철두철미한 계획으로 수행되어야 하며, 경제적 불안을 회피하려고 충동적인 주식투자를 선택해서는 안 된다. 리스크는 무시한다고 사라지지 않는다. 다가오는 현실적인 위협에 눈을 가리기 위해 머리를 모래 속에 처박는 타조가 되어선 안 된다는 것이다. 주식시장의 변동성은 도리어 개인의 부정적인 현실에 또 다른 종류의 시름을 안겨줄 수 있다. 애초에 삶의 만족도 기대가 낮은 투자자에게 투자 손실은 더 깊은 고통이 되기 때문이다.

그렇다면 해결책은 없을까? 연구팀은 감각 추구가 높거나 삶의 만족도 기대가 낮더라도 심리적 고통을 견딜 수 있는 고통 내성distress tolerance이 높다면 투자중독을 예방할 수 있다고 주문한다. 충동적이고 쾌락을 추구하는 사람에게 통제를 적용하면 그들은 좌절감과 고통만을 경험한다. 도리어 자극적인 욕구가 충족되지 않을 때 이를 견딜 수 있는 고통 내성의 향상이 투자중독을 예방하는 좋은 대안이 될 수 있다는 것이다. 물론 개인의 재산과 소득 수준에 따라 다른 결과가 생길 수 있지만, '인생은 한 방의 부르스'라며 섣불리 투자에 뛰어들거나 주식시장의 리스크와 변동성을 과소평가하지 말고 현실에서 오는 스트레스와 불안을 견딜 수 있는 정신적 내공을 기르는 게 무엇보다 중요하다. 자, 이제 투자중독에 대해 본격적인 이야기를 시작해보자. ❖

Chapter 2
나는 과연 어떤 투자자일까?

"투자에서 가장 위험한 네 단어는
'이번엔 다르다*it's different this time*.'이다."

— 존 템플턴 경 —

주식투자는 단순히 돈을 벌기 위한 행위가 아니라 자신의 성향과
투자 방식을 이해하고 그에 맞는 전략을 세우는 과정이다. 모든 투
자자는 서로 다른 성격과 가치관, 기질과 리스크 감수 성향부터 자
신이 속해 있는 처지와 환경, 상황 때문에 동일한 전략을 사용할 수
없다. 따라서 자신의 투자 유형인 심리 습관을 이해하는 것은 성공
적인 투자와 손실 방지의 핵심 열쇠라고 본다. 여기서 투자자 유형
을 파악하는 일은 매일 아침 일어나 거울을 들여다보는 것과 같다.
거울을 봐야 자신을 객관적으로 이해할 수 있다. 나도 모르게 얼굴
에 검댕을 묻힌 건 아닌지, 옷매무시는 단정히 했는지, 머리는 헝클

어지지 않았는지 살펴야 적절한 수정과 개선도 가능하다.

투자를 통해 경제적 자유를 획득하는 일은 자신의 성향을 이해하는 것에서 시작된다. 자신의 투자 유형을 분석하고, 그에 맞는 전략을 세우며, 꾸준히 학습하고 개선해 나간다면 더 안정적이고 성공적인 투자 여정을 걸어갈 수 있을 것이다. 반대로 자신의 단점과 취약성을 미리 알 수만 있다면 불필요한 손실이나 실수를 줄일 수 있다. 앞서 언급했듯이, 감정적이고 즉흥적인 투자를 통제하고 시장 상황에 맞게 논리적 판단을 내릴 수 있는 내공을 기르는 일이 무엇보다 중요하다. 투자 유형을 알아야 지속 가능한 투자 습관을 기를 수 있고 더 체계적이고 효과적인 리스크 관리가 가능하다. 이번 장에서는 투자자의 유형을 알아보도록 하자.*

잠깐! 여기서 하나 짚고 넘어가야 할 것은 어떤 방식으로 말하든 간에 행위자를 특징에 따라 유형화하는 작업에는 일정한 단순화와 일반화가 따를 수밖에 없다는 사실이다. 결국 개인들의 특징을 잡아내는 작업은 어느 정도 분명한 목적과 의사를 갖고 수행되기 때문이다.

---

* 이 투자 유형은 이 책이 자랑하는 독특한 견해임을 밝혀둔다.

의존형:
타인에게 의지하는 유형

소위 '결정장애'라는 말이 있다. 무슨 일을 하든지 제때 의사결정을 하지 못하고 친구나 가족에게 의지하는 이들이 결정장애의 주인공이다. '사느냐 죽느냐 이것이 문제로다.' 셰익스피어의 비극에 등장하는 주인공 햄릿의 이름을 따서 '햄릿증후군'이라는 이름으로도 불리는 이 장애는 흔히 심리학에서 '의존성 인격장애dependent personality disorder', 줄여서 DPD라고 부른다. 의존성 인격장애가 있는 사람은 스스로 아이가 되기를 선택한다. 언제나 크고 작은 일에 훈수를 두는 부모가 필요하다고 느끼기 때문이다. 물론 독립심이 부족하기 때문에 모두가 의존성을 보이는 건 아니다. 자신이 누군가의 돌봄이나 보살핌을 받고 있다는 느낌에서 정서적 안정을 느끼는 데 집착하는 것도 의존성 인격장애에 해당한다. 문제는 의존성 인격장애가 상대에 대한 맹목적인 복종으로 이어진다는 데 있다.

우리에게 「소주 한 잔」으로 유명한 대중가수 임창정도 그런 사례 중 하나다. 지금은 준엄한 법의 심판을 받고 교도소에 수용되었다가 풀려난 투자자문업체 호안 대표인 라덕연을 지인으로부터 소개받은 임 씨는 30억 가량의 투자금을 선뜻 맡겼다. 임 씨의 투자는 지인 소개로 이어졌다. 그를 믿고 라덕연에게 투자를 맡긴 이들이 갈수록 늘어났다. 그럴수록 조직 내에서 라덕연의 입김은 점점 세졌다. 라덕연이 연예인, 의사, 변호사 등 전문직 투자자들을 모집하여 수백 억대의 투자금을 유치할 수 있었던 것도 임 씨를 비롯한 유명인사들의 공개적 참여가 있었기에 가능했다. 라덕연은 자신의 투자 전략을 빅데이터의 과학적인 취합과 합리적인 분석으로 이뤄진 110% 믿을 만한 방식으로 소개했다. 실제로 직원들이 직접 대포폰을 들고 여러 지역으로 흩어져 투자를 진두지휘하는 치밀함까지 보였다.

임 씨는 그렇게 투자금을 맡긴 지 한 달 만에 약 28억 원에 이르는 수익을 내자 라덕연 일당을 전적으로 믿기에 이르렀다. 임 씨는 신분증까지 맡기며 라덕연에게 투자를 위임했고, 라덕연의 투자는 점점 대담해졌다. 라덕연 일당은 임 씨의 신분증을 이용해 54억 원의 신용매수를 다시 일으켰고, 원금을 더해 총 84억 원의 주식을 매수했다. 2022년 말, 전남 여수의 한 골프장에서 열린 투자자 모임에서 임 씨는 단상으로 올라가 샴페인을 터트리며 "라덕연은 종교야."를 외치며 라덕연의 그간의 성공 투자를 치하했다. 이 장면은 고스란히 공중파 뉴스를 타고 전국에 퍼졌다. 국민 가수의 민낯이 공개되는 순간이었다.

문제는 정작 임 씨가 투자금만 댔을 뿐 주식투자에 대해 아무것도 몰랐다는 사실이다. 꼬리가 길면 잡히는 법. 전형적인 불법 통정매매로 볼 수밖에 없는 투자가 절정에 달했을 때 임 씨는 뭔가 잘못되고 있음을 직감했던 것 같다. 동업자의 배신으로 묻힐 뻔했던 사건이 수면 위로 오르게 되면서 임 씨의 그간 행보가 얼마나 무책임한 것이었는지 낱낱이 드러나기 시작했다. 라덕연 일당은 결국 구속되었고 법의 심판을 받게 되었다. 수익금은 불법 자금으로 전원 몰수되었다. 임 씨는 투자금을 모두 날리고 나서야 자신이 사기에 깊숙이 관여되어 있었다는 사실을 뼈저리게 깨달았다. 연예인으로서 그의 유명세는 사기 일당에게 유용한 미끼로 쓰였다. 임 씨 본인이 의도하지 않았다 하더라도 자신의 존재를 믿고 선뜻 투자금을 맡긴 선의의 피해자들에게 도의적 책임까지 벗기는 힘들 것이다. 불행 중 다행인 것은 그 역시 피해자로 인정되어 구속만은 면할 수 있었다는 사실이다.

행동 패턴	"전문가가 추천했으니 안전할 거야." "내 친구가 이 주식은 확실하다고 했어." "그의 말이 맞는다면, 이 종목은 나만 알고 있는 주식이야."
위험 요소	부정확하거나 검증되지 않은 정보를 신뢰해 큰 손실을 볼 가능성이 높음. 투자에 실패해서 큰 손실을 입었을 때 책임을 타인에게 전가하는 경향이 있음. 자신만의 투자 원칙이나 기준이 없어 시장 변화에 빠르게 대응하기 어려움.
개선 방법	투자에 대한 기본적인 지식을 쌓고 스스로 분석하는 습관을 길러야 함. 다양한 출처의 정보와 뉴스를 서로 비교 검토하는 습관이 필요함. 특정 자산에 집중하지 말고 분산투자를 통해 리스크를 줄여야 함.

주식투자는 미래를 바라보는 형식이 되어야지 미래를 담보하는 형식이 되어선 안 된다. 투자중독에 흔히 빠지는 유형 중에서 제일 먼저 타인에게 의지하는 유형을 언급하는 이유도 여기에 있다. 나는 남들과 다를 거야, 나는 분명 돈을 딸 거야, 스스로 자기 최면을 걸면서도 스스로 종목을 연구하고 포트폴리오를 설계할 자신은 없다. 그런데 의존형이 갖는 잠재적 위험은 따로 있다. 그건 바로 의존형이 팔랑귀라는 사실이다. 그들은 다른 사람(전문가, 친구, 가족 등)의 의견이나 추천에 크게 의존한다. 투자 결정을 스스로 분석하거나 판단하는 능력이 없는 것이다. 즉 영어와 일본어가 다른 언어라는 것은 알지만 알아듣고 해석하는 능력이 없어서 매번 통역사가 곁에

있어야만 소통이 가능한 것과 같다. 자신은 주식에 대해 잘 알고 있다고 착각을 하지만 정작 투자에 대해 아무런 지식을 갖고 있지 않은 지인의 카더라 통신을 그대로 따른다. 조금 상태가 나은 경우는 전문가의 리포트, 유튜버나 인플루언서 등 유명인의 투자 조언, 온라인 커뮤니티의 의견을 맹목적으로 신뢰한다.

의존형 투자자가 문제를 스스로 개선하려면 먼저 투자의 언어를 알아듣고 해석할 수 있는 자기 주도적 학습을 통해 투자에 대한 기본 지식과 원칙을 배워야 한다. 히라가나와 가다가나를 아는 것으론 부족하다. 주식시장, 채권, 부동산 등 다양한 투자 자산에 대한 이해를 높이고, 투자 전략을 스스로 개발하는 데 집중하고, 투자 조언을 받을 때는 그 출처가 신뢰할 수 있는지 확인하고 판단할 수 있는 능력이 있어야 한다. 전문가의 의견이나 분석이라고 하더라도 맹목적으로 믿어선 안 되고 여러 출처에서 나온 자료를 비교한 뒤, 거기에 자신의 판단을 추가하는 것이 중요하다. 의존형 투자자가 빈번한 손실의 늪에서 벗어나려면 장기적인 관점을 유지하여 단기적인 시장 변동성에 휘둘리지 않고 긴 호흡으로 주식시장을 바라봐야 한다. 마지막으로 의존형 투자자는 특정 자산이나 주식에 집중 투자하기보다는 다양한 자산에 분산투자하여 리스크를 줄이는 것이 좋다.

의존성 심리를 가진 투자자는 스스로 능력을 키우는 것에 매우 취약한 심리적 기질과 우유부단한 성격에 의한 심리 습관 때문에 평소 감정 관리에 주의를 기울이는 게 바람직하다. 이들은 전문가를 선택할 때도 투자 전문성보다 자신과 친연관계에 따라 결정하는 경향이 있고, 특히 투자 결정을 내릴 때는 상대방의 의사에 과도한 믿음과 신뢰를 주거나 정서적 문제에 쓸데없이 의미 부여를 하여 사사로운 감정에 휘둘려서는 안 된다. 시장의 상승과 하락에 따라 감정적으로 일희일비하기보다는 냉정하게 상황을 분석하고 판단해야 한다.

스스로 시장을 이해하고 해석할 수 있는 능력을 키울 자신이 없다면 차라리 투자를 하지 않는 것이 더 바람직하다. 작은 돈이라도 안전하게 모아 나가는 것이 더 현명할지도 모른다. 그러나 투자를 통하여 자산을 구축하고 싶다면 전문가에게 의존하지 말고 배움을 통해 자립하여 자신의 투자 결정을 스스로 내릴 수 있는 결단이 중요하다. 투자를 기록하고 그 결과를 분석하는 습관을 들이기 위해 투자일지를 작성하는 것도 좋다. 투자일지를 통해 어떤 전략이 효과적이었는지, 어떤 실수를 했는지, 어떤 방식의 투자는 지양해야 하는지를 파악할 수 있기 때문이다. 마지막으로 제일 중요한 것일 수도 있는데, 필요할 경우, 금융 전문가나 투자 전문가, 심리상담가와 상담하여 자신의 투자 전략과 함께 심리 상태를 점검받는 것이다.❖

직감형:
자신의 직감을 맹신하는 유형

영화 「타짜」에는 '호구'가 등장한다. 이름이 따로 있는 것도 아니다. 대본에도 그저 '호구'로 나온다. 영화에서 호구는 노름의 본질을 이렇게 정의한다. "화투는 운칠기삼이야. 운이 70프로, 기세가 30프로인데 기세라는 게 결국 판돈이거든. 노름이 뭐야? 그래, 파도! 올라갔으면 내려가고, 내려갔다가 다시 올라가는 거야! 이제 이것들은 다 죽었어." 노름판에서 호구가 되는 데는 다 이유가 있다. 상대는 전략을 갖고 들어오는데, 나는 운을 갖고 테이블에 앉기 때문이다. 게다가 내가 운이라고 믿고 있는 것도 고작 절반도 넘지 않는다. 노름을 하는 것도 이와 같다면, 하다못해 주식투자는 과연 어떠해야 할까?

필자가 상담실을 찾은 내담자에게 많이 느끼는 것 중 하나는 의외로 그들이 직감을 맹신한다는 사실이었다. 건널목 앞에서 신호등이 파란색으로 바뀌기를 기다린다고 해보자. 장난삼아 '짠!' 하고 손가락으로 가리키는 순간, 신호등이 용케 보행신호로 바뀐다. 처음에는 우연의 일치라고 둘러댈 수 있을 것이다. 그런데 그다음 날에도, 또 그다음 날에도 연거푸 신호등이 절묘한 순간에 바뀐다면 나는 점점 신호등을 조작하는 신통방통한 능력을 가진 사람이 아닐까 의심하게 된다. 여기서 잊지 말아야 할 것은 내가 맞힌 우연의 일치는 불일치보다 훨씬 기억 속에 오래 남는다는 사실이다.

제비뽑기나 행운권 추첨 같은 상황에서 평소에 지지리도 복이 없다고 믿는 사람은 정말 그대로 된다. 내가 응원하는 야구팀은 꼭 내가 TV 중계방송을 볼 때마다 게임을 대차게 말아먹는다. 내가 거실 소파에 앉아 맥주캔을 까고 경기를 시청한다는 걸 어떻게 귀신같이 알고 있는 걸까? 속편하게 처음부터 야구 중계를 안 보는 게 우리 팀의 승률을 높이는 데 기여하는 것 같아 TV를 꺼버린다. 공항 수하물 벨트 앞에서 '내 짐만 언제나 늦게 나올 것 같다.'라는 불길한 예감을 가진 사람은 늘 마지막으로 짐을 챙겨 나온다. 어떻게 꼭 골라잡아도 내가 들어선 차선만 꽉 막힌 거 같아 옆 차선으로 빠지면, 이제는 내 차선만 막히기 시작한다.

투자중독의 경계에서 관문을 오락가락하는 내담자는 '촉이 좋다.'는 말을 자주 한다. 병적으로 자신의 직감을 믿는다. 이들은 스스로를 '마이다스의 손'으로 여기는 듯하다. 자기가 투자한 종목만 오르고, 자기가 산 주식만 수익을 낸다고 믿는다. 어김없이 떨어지는 주가에도 미동하지 않는다. 혹자는 자기가 손댄 것만 황금으로 변한다고 믿는 게 뭐가 나쁘냐, 부정적인 믿음보다는 긍정적인 믿음이 좋은 거 아니냐고 반문할 수 있을 것이다. 그런데 비관론보다 근거 없는 낙관론이 투자에서는 훨씬 더 위험하다. 내가 어떤 일에 대해 실제보다 더 큰 영향을 미친다고 믿는다면, 문제를 다각도로 충분히 고려하고 대처하기보다는 얄팍한 믿음을 붙들고 늘어질 가능성이 다분하기 때문이다.

'잘 봐. 이거 내가 말한 대로 될 거야.' 우리가 특정 사건에 대해 실제보다 더 큰 통제력을 가진 사람처럼 느낄 때, 뻔히 보이는 위험 앞에서 그릇된 결정을 내릴 위험도 높아진다. 그 대표적인 사례가 바로 도박중독이다. 이미 큰 금액을 잃었음에도 자리를 뜨지 않고 계속 도박에 몰두하는 사람은 자신에게 특별한 기술이나 지식, 천리안, 투시력, 통찰력, 예지력이 있어 결국 손실을 만회하고 대박을 터뜨릴 거라고 과신한다. 마치 신들린 무당이 작두를 타는 것처럼 우주의 기운을 모으면 비뚤어진 운대를 맞추고 흐름을 자기에게 유리한 리듬으로 바꿔놓을 수 있다고 큰소리친다.

왜 이런 일이 발생할까? 이를 심리학에서는 '통제의 환상'이라고 한다. 이런 착각은 복권이나 제비뽑기처럼 결과가 명백히 랜덤인 경우나, 스포츠 경기처럼 결과에 인간이 아무런 영향을 미칠 수 없는 상황에서 특히 두드러진다. 통제의 착각이라는 용어는 하버드대학교의 심리학자였던 엘런 랭어Ellen Langer가 처음 만들었다. 그녀는 자신의 연구에서 여섯 가지 실험을 통해 이 편향이 언제, 어디서 나타나는지 살펴보았다. 예를 들어, 어색하고 자신 없는 상대와 카드 게임을 할 때 판돈을 더 많이 거는 경향을 보였으며, 자신이 직접 선택한 로또 복권이 당첨 확률이 더 높다고 믿었다.

이처럼 외적 영향을 거의 받지 않는 상황에서도 통제력을 갖고 있다는 착각을 가지는 이유는 그것이 잠재적 리스크를 직면한 개인에게 심리적 안정감을 주기 때문이다. 이를 보여주는 고전적인 연구 중 하나는 1971년 수행된 실험이다. 이 실험에서 연구자는 두 개의 팀으로 나눈 피실험자들에게 '다양한 소음 수준이 간단한 작업 성과에 미치는 영향'에 관한 연구라고 안심시킨 뒤, 무작위로 울리는 매우 짜증나는 부저 소리가 들리는 동안 문장을 교정하도록 했다. 한 팀은 '통제감을 느낀 그룹'으로 소음을 중단할 수 있는 버튼을 제공받은 반면, 다른 한 팀은 '통제감을 느끼지 못한 그룹'으로 작업 내내 소음을 온전히 견뎌야 했다.

행동 패턴	"느낌이 좋아, 이건 오를 거야." "왠지 이 기업이 성공할 것 같아." "내 직감은 한 번도 틀린 적이 없어."
위험 요소	경험에 의한 직감은 항상 정확하지 않기 때문에 큰 손실을 볼 수 있음. 시장의 변화를 객관적으로 분석하지 못하고 감정에 휘둘릴 가능성이 있음. 한두 번의 성공 경험이 이어지는 투자에 자신감을 지나치게 가지게 할 수 있음.
개선 방법	직감을 신뢰하되, 근거 있는 분석과 데이터를 보완적으로 활용해야 함. 투자 결정을 내리기 전에 아무 이유 없이 최소한 세 번 이상 참을 수 있음. 직감이 틀렸을 때를 대비해서 평소 리스크 관리가 필요함.

실험 결과는 흥미로웠다. 시간이 지나면서 결국 두 팀 모두 소음에 적응했지만, 통제감을 느끼지 못한 그룹은 통제감을 느낀 그룹보다 더 오래 소음에 스트레스를 받았고 교정 작업에 있어서도 효율성이 훨씬 떨어졌다. 반면 옆에 버튼을 갖고 있던 이들은 동일한 소음을 같은 간격으로 받았지만 훨씬 능동적으로 교정 작업에 임했다. 흥미로운 점은 이 그룹의 아무도 실제로 버튼을 누르지 않았음에도, 자신에게 단지 소음을 멈출 수 있는 권한이 있다는 사실만으로 스트레스를 덜 느꼈다는 사실이다. 결국 자신에게 일어나는 일을 통제할 수 있다고 믿는 것은, 비록 그 믿음이 그릇된 것이라 할지라도, 스트레스 상황을 보다 손쉽게 넘어갈 수 있는 힘이 되었다.

자신의 직감만 맹신하는 투자자에게는 어떤 조언이 필요할까? 우선 투자에 앞서 데이터 기반의 의사결정이 요구된다. 직감이나 운에 의존하기보다는 데이터를 체계적으로 분석하여 투자 결정을 내리는 습관을 길러야 한다. 투자하려는 자산에 대한 충분한 리서치를 통해 과거의 시장 데이터, 기업의 재무제표, 경제 지표, 기업의 비즈니스 모델, 경쟁 환경, 시장 동향 등을 참고하여 보다 객관적인 판단을 할 수 있다. 이 부분은 뒤에 3장에서 자세히 언급할 것이다. 분석과 함께 목표 수익률과 리스크 허용 범위, 투자 기간을 설정하는 것도 필요하다. 감정이 개입되면 직감이 왜곡될 수 있으므로 투자 결정을 내릴 때는 감정과 직감을 분리하는 자세를 가져야 한다. 영화 「타짜」에서 정 마담은 화투판에서 가장 어려운 일로 '어떻게 호구를 판때기에 앉히느냐.'라고 말했다. 다시 한 번 말하지만, 투자에서 자신의 직감에 놀아나는 호구가 되어선 안 될 것이다. ❖

무논리형:
묻지마 투자를 남발하는 유형

"리스크란 당신이 무엇을 하고 있는지 모를 때 발생한다." 오마하의 현인 워런 버핏이 한 말이다. 인간은 본능적으로 불확실성을 싫어한다. 한 치 앞도 내다볼 수 없는 상황을 혐오했기 때문에 인간은 종교와 미신을 만들어냈다. 계몽주의를 거치며 미신은 과학으로 대체되었고, 그 이후 통계와 분석을 통해 무질서와 우연성 속에서 예측가능한 질서와 법칙을 발견하는 것이 과학의 지상 목표가 되었다. 불확실성은 사실 모든 결정 과정에 내재하며, 경제와 금융, 과학, 일상생활 등 거의 모든 영역에서 중요한 변수로 작용한다. 그래서 우리는 불확실성의 어두움을 과학이라는 밝은 빛으로 몰아내고 그 자리에 분명하고 명확한 미래를 두는 것만이 리스크를 줄이는 길이라고 믿는다.

그러나 때로 불확실성은 동전의 양면처럼 투자자에게 묘한 확신을 주기도 한다. 특정 상황을 해석하는 데 반드시 요구되는 정보가 부족하거나, 아니면 그릇된 정보를 가지고 있을 때 발생할 수 있는 리스크가 어떤 이에게는 새로운 수익의 가능성 내지는 미지의 처녀림으로 느껴지기 때문이다. 그들은 저잣거리 야바위꾼의 허풍에서 내재적 불확실성이 아니라 오히려 벼락횡재sweepstakes의 그림자를 찾는다. 불확실성은 해석의 여지가 많기 때문에 도리어 신비롭다. 이런 유형은 투자 결정을 내릴 때 명확한 근거와 논리가 항상 부족하다. 단순한 소문이나 유행, 충동에 따라 투자를 진행한다. 테마주가 뜨면 대번 엉덩이가 들썩들썩한다. 장기적인 전략이나 계획 없이 즉흥적으로 매매하고, 사고팔 때도 근거도 맥락도 찾을 수 없다.

모든 만남에 사연이 있듯이 모든 투자에도 사연이 있어야 한다. 흔히 주식시장에서 무식하면 용감하다는 말처럼 무서운 말이 없다. 모르면 물어야 하는데 그릇된 판단을 대체하는 자기 암시가 위험한 투자 결정을 유도하기 때문이다. 무논리를 극복하기 위해서는 무엇보다 금융 리터러시를 갖추어야 한다. 돈의 흐름에 관한 문해력을 충분히 갖추기 위해서는 투자자가 논리적이고 지능적인 투자 선택을 할 수 있어야 한다. 휴리스틱 편향이나 프레이밍 효과, 인지적 오류나 착시, 군중심리 같이 의사결정 과정에서 비합리적인 행동을 유발하는 사고는 무논리를 강화한다.

이에 관해 2022년 중국-인도 연구팀에 의해 수행된 연구가 있다. 해당 연구는 행동 편향과 재정 문해력이 투자 결정, 특히 주식시장 투자에 미치는 영향을 분석하고 무논리로 일관하는 투자자의 특성을 특정했다. 연구를 위해 연구팀은 450명의 개인 투자자로 구성된 참가자를 접촉하여 리커트척도로 이루어진 설문지를 돌려 결과를 수집했다. 연구 결과에 따르면, 개인 투자자의 금융 리터러시 수준이 주식시장에 임하여 투자 결정을 하는 데 매우 큰 영향을 미쳤다. 각종 인지 오류와 편향에 대해서는 다음 4장과 5장에서 구체적으로 다룰 예정이다.

무논리형 투자자에게 어떤 조언을 해줄 수 있을까? 무논리를 논리로 바꿔주면 된다. 그러기 위해서는 기본적인 투자 교육이 필요하다. 주식과 채권, 펀드 등 다양한 투자 상품의 특성과 리스크를 이해하는 데 필수적인 시간을 투자해야 한다. 투자 목표를 설정하도록 돕는 것도 좋은 교육이다. 이 과정에서 기업의 재무 상태, 산업 동향, 경제 지표 등을 분석하여 정보에 기반한 결정을 내리는 습관을 기르는 것이 중요하다. 또한 내가 단기적인 수익을 추구하는지, 아니면 장기적인 자산 증식을 목표로 하는지 명확한 투자 목표를 설정하고 그 목표에 따라 투자를 이어갈 수 있도록 곁에서 모니터링해

행동 패턴	"다들 이 주식을 산다니까 나도 사야겠어." "이거 왠지 그냥 느낌이 왔어, 사자!" "묻지 마, 존버하는 거야. 가즈아!"
위험 요소	상존하는 투자 리스크를 과소평가할 위험성이 있음. 시장을 억측과 음모로 바라보면서 손실을 입을 수 있음. 묻지마 투자를 통해 재정 악순환에 빠질 수 있음.
개선 방법	투자의 기본 원칙과 분석 방법을 학습해야 함. 매수 및 매도 전에 충분한 근거를 마련해야 함. (사연이 있는 투자) 투자 일지를 작성해 자신의 행동 패턴을 분석해 볼 필요가 있음.

주는 것도 바람직하다.

심리적 차원에서는 어떤 조언이 가능할까? 투자에 감정이 개입되면 안 그래도 무논리적인데 더 이것저것 안 재고 무턱대고 결정 내리기 쉽다. 무논리형은 보통 운명적 사고방식fatalistic mindset을 갖고 있는데, '나는 주식투자를 하도록 선택되었다.' '난 버핏처럼 투자의 귀재로 살아갈 팔자다.' 같은 결정론적 사고방식을 스스로에게 주입한다. 운명적 사고방식을 가진 투자자는 자신의 투자 결정이 결과에 영향을 미치지 않는다고 믿는다. 그래서 중요한 결정을 내리는 것을 회피하거나, 시장 변화에 적절히 대응하지 않는다. 운명적 사고방식으로 인해 시장의 변동성을 운명이나 운에 맡기며, 모든 것이 다 잘

될 거라는 자기최면에 빠진다.

무논리형 투자자는 다각도로 문제를 이해하지 않고 감정적 반응에 앞서는 경우가 많다. 이들은 문제가 발생하면 스스로의 결정이 아닌 주변의 탓으로 돌리는 책임전가적 사고방식blame-shifting mindset을 갖고 있다. 필자의 내담자 중 한 분은 자기가 잘못 판단하여 2천만 원이나 손해를 보고 특정 주식을 팔았는데, 이게 전부 아내가 자신에게 목돈을 재촉했기 때문이라고 비난했다. 이야기를 들어 보니 아내는 돈을 달라고 한 적도 없었다. 내담자는 그냥 지레짐작으로 아내가 자신에게 생활비를 달라는 무언의 압박을 보내는 것으로 이해한 것이다. 무논리형 투자자가 감정을 관리하고 냉정하게 시장을 분석하는 연습을 해야 하는 이유가 여기에 있다. ❖

소탐대실형:
실수를 반복하는 유형

　하루는 아는 분이 3년 만에 주식으로 투자금 2천만 원을 5억으로 불렸다며 밥을 사겠다고 필자를 불러냈다. 상대가 좋은 일이 있으면 만나서 진심으로 축하해주는 게 인지상정이라 흔쾌히 술 약속을 잡았다. 그와의 인연은 벌써 십수 년 전으로 거슬러 올라간다. 그는 상담실에서 상담자와 내담자의 관계로 만났는데, 비슷한 연배여서 그런지 가끔 속 깊은 이야기도 털어놓는 사이였다. 한때는 8주 한 섹션을 여러 번 진행할 정도로 뻔질나게 만났는데, 상담실을 끊은 이후로 마침 방문이 뜸하던 참이었다. 그래도 얼굴 잊을 만하면 일 년에 한두 번은 들러 밥을 먹으며 넋두리처럼 늘어놓고 서로의 고민을 들어주던 사이였다.

그는 젊은 시절 불장난 같은 만남으로 맺은 인연을 지키지 못하고 한 차례 이혼을 겪었는데, 양육비를 지원하면서 한 달에 한 번 딸을 만났다. 그는 수산업, 정확히 말하면, 수산물 유통업으로 생계를 이어가고 있었는데, 일의 특성상 잘될 때는 한 번에 수천만 원에서 수억의 목돈을 만질 수 있었다. 물론 그런 경우는 드물었고, 대부분은 어렵사리 아랫사람 한둘을 부리면서 먹고살 만큼의 생활비를 벌고 있었다. 그래서 그런지 그는 목돈이 들어오면 돈 냄새부터 맡았다. 언제나 여기저기 투자처를 찾아 기웃거리는 습관을 갖고 있었고, 돈이 될 만하다 싶으면 마치 갬블러가 베팅하듯 가진 돈을 몰빵했다.

"축하합니다. 덕분에 오늘 맛있는 거 얻어먹네요.""네, 소장님. 말씀만 하세요. 오늘 다 사드리겠습니다." 술자리에 앉은 그는 연신 싱글벙글이었다. 매번 손해를 보더니 이번엔 소가 뒷걸음질 치다가 쥐를 잡는 격으로 운대가 잘 맞았던 것 같았다. 그날 우리는 한우를 먹으며 오래간만에 그간 끊겼던 즐거운 소식들로 이야기꽃을 피웠다. 이야기 중에 그가 이미 번 돈을 경매 물건에 다시 투자했고, 벌써 은행에서 대출까지 보태서 함께 묻었다는 사실을 알게 됐다. "그렇게 돈까지 빌려서 투자해도 안전한 거예요? 잘 알아보고 하시지." 물론 이런 말이 그의 귀에 들어갈 리가 없었다.

문제는 그의 '모 아니면 도'식의 무대뽀 투자가 항상 행운을 가져다주는 건 아니라는 점이다. 며칠 뒤 그는 전화로 좋은 정보가 있다며, 곧 상장을 앞둔 주식에 투자하라며 나에게 투자 제안을 했다. 전화기를 타고 들려오는 목소리에는 이미 수익을 벌었던 당당함이 그대로 느껴졌다. "소장님, 없는 셈치고 눈 딱 감고 5천만 원만 투자하세요." 이미 3억을 투자했다는 그의 말에 난 입이 딱 벌어졌다. 그렇게 투자할 돈도 없었지만, 평소 그의 서커스 외줄타기 같은 투자가 어딘가 모르게 불안했기 때문에 단칼에 거절했다. 결과는 여러분이 예상하는 그대로였다.

이런 유형을 흔히 소탐대실형penny-wise pound-foolish type이라고 한다. 푼돈에는 지혜로우나 큰돈에는 어리석다. 작은 일은 꼼꼼히 챙기면서 정작 중요한 일은 허투루 하다가 큰코다치는 경우가 많다. 이런 유형은 상황에 따라 일희일비하기 때문에 안정적인 투자 전략을 장기간 유지할 내공이 부족하다. 이런 투자자는 작은 이익을 얻기 위해 과도한 위험을 감수하는 데 주저함이 없다. 단기 수익에 집착하며, 장기적인 손실 가능성은 간과하기 때문에 앞으로 남는 것 같지만 뒤로는 밑지기 십상이다. 작은 이익에 만족하면서 큰 기회를 놓치는 경우도 허다하다. 보통 이런 유형의 투자자는 '조금만 더 오르면 팔아야지.' '지금이라도 조금 이익을 보고 나가자.'와 같은 마인드를 갖고 있다. 문제는 단기적으로 수익이 나면 바로 매도하지만, 손실이 나면 손절하지 못하고 버티는 경향이 있다는 점이다. 소위 매

행동 패턴	"작은 데서 아껴야 큰 데서 이익을 보지." "지금 손절 치는 것보다 조금이라도 올랐을 때 팔아야지." "아냐, 수수료라도 아껴야겠어."
위험 요소	매도 타이밍을 놓쳐서 주식이 물릴 수 있음. 투자의 명확한 목표가 없어서 그릇된 방향으로 흐를 수 있음. 자그마한 이익만 따라가다가 재정 악순환에 빠질 수 있음.
개선 방법	장기 투자를 염두에 두고 매수 매도를 진행해야 함. 평소에 주식투자를 연구하고 기초적인 지식을 습득해야 함. 투자 환경과 경제 상황에 따라 포트폴리오를 리밸런싱해야 함.

몰비용을 감수하려고 하지 않는다.

디테일에 악마가 숨어있다. 이런 유형은 투자 목표를 명확히 설정하고, 장기적인 관점을 유지해야 한다. 투자에 있어 세세한 것들을 챙기되 과감한 결정이 필요할 때는 대범하게 치고 나갈 수 있는 담력도 있어야 한다. 손실을 볼 때를 대비해서 손절매 기준과 목표 수익률을 미리 정해두고 이를 철저히 지켜야 한다. 단기적인 변동에 흔들리지 않도록 멘털 관리를 강화해야 하는 건 당연하다. 안정적인 기업의 주식이나 상장지수펀드ETF에 투자하여 시간에 따라 자산이 성장할 수 있도록 한다. 특정 자산이나 산업에 집중 투자하기보다는 주식, 채권, 부동산, 원자재 등 다양한 자산군에 분산투자하여 리스크를 줄이는 것이 좋다.

　소탐대실형 투자자는 손실혐오라는 인지 오류를 가지고 있는 경우가 많다. 자그마한 손실도 원치 않기 때문에 큰 이익을 놓치기 십상이다. 투자 결정을 내릴 때는 시장의 소음이나 단기적인 뉴스에 반응하기보다는 자신의 투자 전략에 따라 일관되게 행동하는 것이 중요하다. 아무리 전문가의 자문을 받고 투자 포트폴리오를 짰다고 하더라도 주기적으로, 때로는 경제 상황에 따라 종종 리밸런싱 rebalancing을 할 필요가 있다. 내 포트폴리오를 정기적으로 점검하고 조정할 때 금융 전문가나 투자 상담사의 조언을 받아야 하는 건 당연하다. 틈틈이 금융 리터러시를 위해 관련 서적을 읽거나 교육 프로그램에 참여하는 것도 도움이 된다. 유튜브 영상보다는 책을 읽는 것을 권한다. 영상은 시청자를 수동적으로 만들어버린다. 일정한 알고리즘에 따라 나도 모르게 편향된 사고방식이 자리 잡을 수 있다. 그에 비해 책은 매우 능동적인 지식 습득의 매체다. 책을 고르는 행위부터 내 입맛이 반영된다. 책을 읽을 때에도 언제든 중단하거나 건너뛰거나 다시 읽을 수 있다. 귀퉁이에 메모도 가능하다. 자신의 미래에 내해 책임감 있는 투자자라면 인터넷 기사로 읽었다고 그냥 퉁치는 건 직무유기에 가깝다.

　앞서 언급한 네 가지 유형의 투자자들을 표로 정리하면 다음과 같다. 다시 한 번 말하지만, 유형은 이상형이자 사회학에서 말하는 이

념형에 가깝다. 일정한 목적에 따라 특징을 재구성한 것이기 때문에 내용에 충실할 뿐 너무 큰 의미를 부여할 필요는 없다.

네 가지 유형 말고도 투자자들이 흔히 빠지는 여러 투자 오류가 있을 수 있다. 이 부분은 뒤에서 더 자세히 다루도록 하겠다. 이제 건전한 투자자 유형을 만나볼 차례다. ❖

유형	특징	위험요소	개선방향
의존형 piggyback type	타인의 의견에 과도하게 의존	잘못된 정보로 손실 가능성	스스로 판단력 키우기
직감형 intuitive type	분석보다는 자신의 직감에 의존	직감의 오류로 손실 가능성	데이터와 분석 병행하기
무논리형 illogical type	근거 없는 즉흥적이고 감정적인 투자	감정적 투자로 손실 가능성	논리적 분석 습관화하기
소탐대실형 penny-wise pound-foolish type	작은 이익에 집착하다가 큰 것을 놓치는 투자	앞으로 벌고 뒤로 밑질 가능성	장기적 관점 유지하기

흔들리지 않는 고수의 유형

투자자들 사이에서는 '무릎에서 사서 어깨에서 팔아라.'라는 유명한 말이 있다. 문제는 어디가 과연 무릎이고 어디가 어깬지 알 수 없다는 데 있다. 사실 주식을 사고파는 시기를 정하는 것만큼 어려운 게 없다. 주식 고수들조차 가장 힘들어 하는 게 바로 매수와 매도 타이밍을 잡는 일이다. 결국 투자의 대원칙은 싸게 사서 비싸게 파는 것이다. 흔들리지 않는 투자의 고수는 목덜미에 칼이 들어와도 이 간명한 원칙을 철칙처럼 고수한다. 그래서 고수高手는 투자 원칙을 고수固守하는 사람이다. 고수는 시장의 상황 때문에 자신의 원칙에서 한발도 물러서지 않는 사람이다.

언제나 주식시장은 특정 기업이나 국가의 경제 지표보다는 복잡한 정치 상황이나 주변 사건 사고들에 더 많은 영향을 받는다. 그래서 전설적인 투자자 앙드레 코스톨라니는 '투자는 심리게임이다.'라는 말을 한 것이다. 북한에서 미사일 한 번 쏴도 주식시장은 금세 출렁인다. 중동에서 내전이 격화되면 대번 유가가 치솟는다. 이처럼 정세와 감정, 정서와 분위기에 주식시장은 등락을 거듭한다. 주식시장에서는 이를 '퍼드FUD'라고 한다. 공포fear와 불확실성uncertainty, 의심doubt의 첫 글자를 딴 퍼드는 감정이 지배하는 주식시장의 현실을 정확하게 보여주는 단어다.

투자의 고수는 퍼드가 지배하는 시장에서 어떤 자세를 가질까? 고수가 보여주는 특징 중 첫 번째는 '계단식 투자법'이다. 쉽게 말해서, 매수와 매도를 단계적으로 진행하는 것이다. 이를 흔히 분할매수와 분할매도라고 하는데, 분할매수란 주식을 한꺼번에 왕창 사는 게 아니라 여러 번 조금씩 나누어 구매하는 것이며, 분할매도 역시 주식을 한꺼번에 내다 파는 게 아니라 여러 번 조금씩 나누어 처분하는 것이다. 아무리 급등하는 주식이라도 한 번에 모두 삼키면 체하기 때문이다. 태조 왕건에게 버드나무 잎을 띄워 물바가지를 건넨 장화왕후莊和王后처럼 주식도 천천히 매수해야 한다.

고수는 매도 역시 남다르다. 주가가 갑자기 꺼지기 시작하면 내공이 부족한 투자자들은 추가 하락에 대한 공포감 때문에 투매를 단행한다. 이른바 '패닉셀panic sell'이다. 흥미로운 건 박스권에 있던 주가가 내릴 때보다 한참 상승하던 주가가 잠깐 내릴 때 더 많은 투자자들이 패닉셀에 들어간다는 사실이다. '아, 이만큼 올랐으니 분명 떨어질 거야. 주가가 조정을 받으면 바로 팔아야지.'라는 심리가 누구에게나 있기 때문이다.* 투자는 산에 오르는 것과 같다. 고수는 정상으로 올라갈 때보다 정상에서 내려올 때가 더 위험하다는 사실을 잘 알고 있다.

고수의 투자법인 분할매수와 분할매도의 원리는 사실 매우 단순한 논리에 기초한다. 주가가 오르면 모든 투자자는 시장에 기대감을 갖는다. 그 기대감은 지속적으로 주가를 밀어 올린다. 반대로 주가가 내리면 모든 투자자는 불안해한다. 이 불안감은 그대로 주가에 반영되어 하락을 주도한다. 이러한 확신은 주식시장을 끌고 가는 주요 동력이다. 이 때문에 남들과 반대로 투자하는 역발상 투자법이 한때 유행하기도 했다. 그러나 이 투자법 역시 고수의 투자법과 거리가 멀다. 한두 번 우연히 맞아떨어질 수는 있지만, 오를 때 팔고 내릴 때 사는 건 주식시장의 근본 원리와 맞지 않기 때문이다.

---

* 패닉셀이 있다면 '패닉바이panic buy'도 있다. 주가가 출렁일 때 그릇된 판단으로 일단 사고 보자는 심리로 해당 주식을 마구 사들이는 행태를 말한다. 보통 포모증후군에 의해 일어난다.

고수가 유념하는 두 번째 투자 자세는 분산하고 배분하는 것이다. 분할매수와 분할매도가 투자의 적기를 다루는 기술이라면 분산투자는 투자의 체질을 다루는 기술이다. '계란을 한 바구니에 담지 말라.'라는 경구에서 잘 드러나듯, 분산투자는 투자 리스크를 줄이기 위해 여러 종목에 분산하여 투자하는 것이다. 분산투자는 투자 포트폴리오에서 다양한 형태로 나타날 수 있다. '파이프라인은 많을수록 좋다.'는 말처럼 삼성전자와 네이버처럼 여러 종목에 투자하는 '종목별' 분산투자도 있고, 삼성전자 주식과 채권처럼 다양한 금융상품에 투자하는 '종류별' 분산투자도 있다. 최근에는 국내 주식시장에만 투자하는 게 아니라 미국이나 중국 등 해외 주식으로 투자 범위를 넓히는 '지역별' 분산투자도 인기다.

　고수의 투자 철학은 포트폴리오에서 금방 드러난다. 고수의 투자 포트폴리오는 분산투자의 방식에 따라 다양하게 설계될 수 있다. 우선 종목별 분산투자 포트폴리오로는 국내 대형 우량주에 일부를 넣고 전망이 밝은 소형주에 일부, ETF 같은 인덱스 펀드에 나머지를 넣는 형태가 있다. 여기서 투자 성향에 따라 각기 우량주에 40%, 소형주에 20%, EFT에 40% 넣을 수도 있고, 반대로 우량주에 30%, 소형주에 40%, EFT에 30%를 넣을 수도 있다. 연령에 따라 조금 안정적인 투자를 해야 한다면 리스크를 낮추고 안전성을 높이는 포트폴리오를, 반대로 리스크에 상대적으로 자유로운 여윳돈을 투자한다면 조금 공격적인 포트폴리오를 구성할 것이다.

고수에게 분산투자 포트폴리오는 필수에 속한다. 리딩방 같은 시스템을 운영하면서 순진한 사람들의 종자돈을 빨아 먹는 속칭 '예언가들'이 주변에 너무 많다. 그가 정말 주식 변동성을 손바닥 보듯 훤히 꿰뚫는 투자자라면, 혼자 독식하려 하지 우리에게까지 그 '좋은 정보'를 주진 않을 것이다. 그렇게 정확한 예측이 불가능하다 보니 투자의 고수는 합리적 포트폴리오를 통해 리스크를 줄인다. MRP, 즉 시장수익포트폴리오Market Return Portfolio라는 건 수익 차원에서는 '전체는 부분의 합보다 크다.'는 원리, 손실 차원에서는 '전체는 부분의 합보다 작다.'는 원리로 움직인다고 볼 수 있다.

투자의 고수는 사람을 만나고 책을 읽는 사람이다. 만남을 1이라고 한다면, 독서를 2라고 봐야 정상이다. 독서가 사교에 비해 딱 두 배다. 운대가 맞아서 투자로 졸부가 되도 평소 책을 읽지 않으면 그토록 많던 재산이 햇빛에 처마 위 눈 녹듯 금세 사라진다. 평소 책을 읽는 투자자는 세상과 시장을 읽는 이해도부터 차이난다. 상대방의 말에 귀를 기울일 줄 알고 어떤 조언을 듣더라도 수용적이다. 자신이 원하는 바를 정확하고 간결한 언어로 표현할 줄 알고, 상대방의 말이 가진 어감이나 분위기도 빠르게 알아차린다. 이성과 감정, 사실과 의견을 구별할 줄 알고, 지식과 상식, 지혜와 통찰을 고루 겸비하고 있다. 투자의 고수라면 종류를 무론하고 경제신문 한 부는 꼭 읽어야 한다. 경제에 대한 단기적인 안목과 장기적인 관점을 모두 갖는 데 경제신문과 경제지만한 게 없다. 경제지를 읽고 경제 흐름과 동향을 알지 못하면, 요령要領이 아닌 요행僥倖을 바라는 것이며 투자投資가 아닌 투기投機를 하는 셈이다. ❖

Chapter 3
주식투자의 기본기

"낙관주의자는 위기 속에서 기회를 보고,
비관주의자는 기회 속에서 위기를 본다."

— 윈스턴 처칠 —

　주식으로 성공하는 것은 경제 지식이나 IQ, 동물적인 투자 감각에 관한 것이 아니다. 투자는 지식이 아니라 사고방식이자 행동이다. 투자 성공은 명석한 두뇌의 결과물이 아니라 투자에 대한 기준과 원칙을 가지고 꾸준한 행동이 쌓아 올린 심리와 행동의 습관의 금자탑이다. 내가 평소 어떤 생각을 갖고 있느냐에 따라 어떤 행동을 하는지가 결정되고, 어떤 행동을 반복하느냐에 따라 몸에 어떤 습관을 익히는지 결정된다. 그리고 그 습관은 내 삶을 송두리째 바꿔버리는 결과를 가져온다. 일단 내 생각부터 바꿔야 한다. 그러면 내 자신의 행동과 습관, 나아가 운명까지 바꿀 수 있다.

평소 차트만 바라보는 투자자가 있다. 그런데 남보다 나를 속이는 게 더 쉽다. 차트를 보기에 앞서 내 사고방식과 심리 습관, 투자 행동의 패턴을 먼저 봐야 한다. 추세선을 따지기에 앞서 내 성향과 편향적 사고를 먼저 살펴야 한다. 내 자신이 해석할 수 있는 능력을 중심으로 평소 내가 어떤 사고방식을 가졌는지에 따라 내 개인적인 경향을 알게 되고, 돈에 대한 사고방식을 간파하고 이에 통찰력을 갖게 되면, 마침내 코앞의 상승장과 하락장에서 일희일비하지 않고 투자자로서 냉정한 판단을 내릴 수 있게 된다. 내가 왜 평소 그런 결정을 내리는지 제대로 알면 오늘보다 나은 내일을 기대할 수 있다. 이번 장에서는 그 기본기를 배워보도록 하자.

진흙 속에서 진주 구하기: 종목 선택과 분석

"부동산에서 돈을 벌고 주식에서는 돈을 잃는 데는 다 그만한 이유가 있다. 집을 선택하는 데는 몇 달을 투자하면서 정작 주식을 고를 때는 단 몇 분 만에 끝내기 때문이다." 마젤란 펀드로 유명한 세계적인 투자자 피터 린치의 명언이다. 인터넷에서 아무리 사소한 머리핀 하나를 산다 해도 제품 설명부터 후기까지 살펴보는 게 요즘 국룰이다. 린치의 명언은 아마도 주식 종목을 고를 때도 얼마나 신중해야 하는지 말해주는 금언이 아닐까 싶다. 주식 역시 온라인 쇼핑처럼 눈앞에 실물이 없다 보니 아무 생각 없이 사고파는 경향이 있다.

동네 카페에서 맞선 한 번 보고 다음 주에 바로 결혼을 결심하는 강심장(?)은 남자든 여자든 아마 없을 것이다. 가족 관계부터 부모님의 직업, 성장 배경, 학력, 건강 상태뿐 아니라 재정 상태까지 들여다보고 또 보며 놓친 게 없는지 꼼꼼히 체크하는 게 인지상정이다. 우리의 노후 설계에 지대한 영향을 미치는 주식투자 역시 마찬가지다. 해당 주식을 발행한 회사는 어떤 회산지, 사장은 누군지, 업력은 얼마나 되는지, 자산과 수익은 어떤지, 재무 구조는 건실한지 회사 안팎의 사정부터 재무제표에 이르기까지 살피고 또 살피는 게 당연한 수순이다.

안타까운 사실은 유독 주식은 이러한 기초적인 조사마저 없이 매수를 결정한다는 점이다. 참 희한한 일이다. 동료 누가 사라고, 곧 오른다고, 너한테만 말하는 거라고 하면 그 회사가 뭔지 묻지도 따지지도 않고 수백만 원 어치의 주식을 덥석 사들인다. 거기서 그치면 그나마 양반이다. 친구에 사돈에 팔촌까지 모든 레이다망을 다 동원해서 내가 받은 일급(?) 기밀을 발 빠르게 타전한다. 물론 나에게 도달한 정보는 내가 똑같이 했던 행동을 여러 번 반복하며 손아귀에 쥐어진 정보인 경우가 태반이다. 이렇게 아무런 조사와 분석 없이 사들인 주식은 하락과 박스권을 맴돌다 결국 상폐에 내몰리는 씁쓸한 상황에 봉착하고 만다.

주식 역시 상품이다. 구매를 결정할 때는 상품이 가져다 줄 수익을 비용편익분석을 통해 확인할 최소한의 필요성이 존재한다. 투자 종목의 선택과 분석은 내가 미래로 가는 왕복 4차선 도로를 어떤 자재로 깔 것인가를 결정하는 것과 같다. 해당 도로의 용도에 맞게 아스팔트로 깔지, 시멘트로 깔지, 아니면 석재로 깔지 신중히 결정해야 종국에 내가 도달하게 될 노후 준비라는 목적지에 수월하게 갈 수 있을 것이다. 본의 아니게 현장의 요구와 맞지 않는 자재를 고집하다가 도로 곳곳이 파이고 갈라지는 재앙이 나를 기다린다면 그런 고속도로는 뒤엎어 버리는 게 마땅하다.

그럼 어떻게 종목을 골라야 할까? 투자 종목을 고를 때 가장 먼저 생각해야 할 것은 '투자 가치'에 있다. 여기에는 모든 재화의 가치에 적용되는 것과 동일한 기준이 적용된다. 즉 '최소한의 비용으로 최대한의 이익을 남기는 것'이다. 주식투자 역시 최소한의 비용으로 최대한의 이익을 남기는 것이다. 여기서 주의해야 할 것은 주식이 갖는 수익 대비 리스크의 크기다.* 리스크는 확률에 가깝기 때문에 통계와 신뢰의 영역이라고 할 수 있다. 리스크를 얼마나 높이 잡느냐에 따라 내 투자가 안전한지 아니면 위험한지 가늠할 수 있다. 물론 리스크의 크기를 파악하는 것 역시 일정한 기준이 존재한다. 그 기준이 바로 '펀더멘털'이라는 것이다.

---

* 이를 '위험조정수익Risk Adjusted Return', 줄여서 RAR라고 한다.

'기초'라는 뜻의 펀더멘털fundamental은 한 나라의 기초적 경제 여건을 나타내는 지표를 말한다. 보통 한 국가의 경제성장률이나 물가상승률, 경상수지 및 외환보유액 등과 같은 거시경제 지표들을 가리킨다. 이를 한 기업이나 회사로 좁히면, 한 회사의 수익과 지출, 자기자본수익률, 이윤 마진 및 기타 데이터가 될 것이다. 이 모든 데이터는 회사가 공개한 재무제표를 통해 확인할 수 있다. 요즘은 어렵게 찾아볼 필요 없이 인터넷으로 몇 번만 클릭하면 창에 바로 띄울 수 있다. 최소한 이정도 노력을 하지 않고 투자에 뛰어드는 건 투자가 아니라 투기를 하겠다는 심보다.

투자 중독에 빠진 내담자와 상담을 이어가다 보면, 이들은 대게 펀더멘털보다는 센티멘털에 더 좌우되는 모습을 보인다. '감정'이라는 뜻의 센티멘털sentimental은 본래 호재에 근거한 시장의 감정적인 기대감을 말하는데, 투자를 투기처럼 하는 내담자들은 대부분 펀더멘털보다는 센티멘털에 과도한 집착을 보인다. "이번 달에 기세가 예사롭지 않은데?" "지금까지 내려갔으니 이제 바닥을 찍고 올라갈 일만 남았어." 보통 기초 자료와 분석보다는 직감과 육감을 더 믿는다. 왜 그런지 물어보면, 그들도 선뜻 그 이유를 대지 못한다. "모르겠어요. 그냥 그런 느낌이 드네요." 이런 '느낌적인 느낌'에 종종 빠지는 이들이 펀더멘털을 무시하고 자기의 촉을 더 믿는다.

단기 투자가 아니라면 미래의 성장성이 종목 선정의 기준이 되어야 마땅하다. 한마디로 지금 한창 주가가 오르고 있는 회사보다는 앞으로 미래가 밝은 회사, 오늘보다는 내일이 좋은 회사를 고른다. 아무리 급성장하는 주식이라도 가격이 과도하게 올랐다면 기대만큼 투자 가치가 크지 않은 경우가 많다. 잘못된 정보로 시장이 과열되어 있거나 별다른 호재가 없는데 단기간 주가가 급등한 경우, 작전 세력이 뒤에서 특정 종목을 만지는 경우 등 다양한 요인을 생각해볼 수 있다. 언제나 종목을 선정하기 전에 주식의 주요 평가 비율, 즉 가격 대비 수익은 어떤지 가격 대비 매출은 어떤지 다섯 가지 펀더멘털을 따져봐야 한다.* 모든 스포츠가 기본자세를 중요하게 여긴다. 투자 역시 기본기가 되어 있어야 지속적인 수익을 기대할 수 있다. ❖

---

* 보통 투자자가 살펴야 할 펀더멘털로는 주당순이익(EPS), 주가수익비율(PER), 주당순자산(BPS), 주가순자산비율(PBR), 자기자본이익률(ROE) 등이 꼽힌다. 네이버 금융을 검색하면, 각 회사의 펀더멘털이 잘 정리되어 있다.

주식투자의 쌍두사雙頭蛇 : 기술적 분석과 기본적 분석

'뿌리 깊은 나무는 바람에 아니 흔들린다.'는 말이 있다. 경제를 나무에 비유하자면, 펀더멘털은 한 기업의 뿌리라고 할 수 있다. 이가 흔들리면 음식을 씹을 수 없다. 음식을 제대로 씹지 못하게 되면, 결국 건강에 탈이 나게 된다. 펀더멘털을 고려하지 않은 투자는 내 곳간을 금세 텅 비게 만들 수 있다. 주식투자에서 펀더멘털은 개별 종목들의 기초적인 정보를 제공해 준다. 이러한 정보들을 분석하는 것을 보통 '펀더멘털 분석fundamental analysis', 즉 '기본적 분석'이라고 부른다. 이와 반대로 주로 시장의 변동성과 차트의 형태를 분석하는 것을 '기술적 분석technical analysis'이라고 한다. 기본적 분석과 기술적 분석은 모두 주식투자에 있어 종목 선정과 매수, 매도에 근간이 된다.

기본적 분석과 기술적 분석의 근본적인 차이는 무엇일까? 기본적 분석은 먼저 옥석을 골라내는 접근이다. 강가에서 사금을 채취하는 광부를 떠올려보자. 다양한 탐침 기술을 활용하여 정확한 금맥을 찾아 최대한 많은 금을 캐내는 것이 광부의 최대 관심사일 것이다. 이처럼 기본적 분석은 드넓은 땅에서 수익을 가져다줄 지점을 찾는 것이다. 한마디로 종류kind에 관심을 갖는다. 반면 기술적 분석은 종류보다는 타이밍timing에 관심을 갖는다. 아무리 많은 금을 캐냈다 하더라도 시장에 금값이 얼마인지 알아야 좋은 값에 금을 팔아치울 수 있기 때문이다. 이처럼 기본적 분석이 특정 기업의 주식이 갖는 보다 정확하고 근본적인 시장 가치를 이해하는 방법이라면, 기술적 분석은 해당 주식의 역사와 흐름을 놓고 매수와 매도 타이밍을 따지는 방법이다.

이 밖에도 두 분석의 차이점은 또 있다. 펀더멘털 분석가는 재무제표를 통해 시장에서 실제 가치보다 낮은 가격으로 거래되는 주식을 찾는다. 기본적으로 저평가된 가치주를 매수하는 것이다. 반면 기술적 분석을 따지는 투자자는 펀더멘털보다는 시장의 가격 변동에 더 관심을 기울인다. 기술적 투자자는 시장의 모멘텀momentum을 통해 상승장과 하락장이 얼마나 지속될지, 혹 끊어질지, 끊어진다면 언제 끊어질지 판단한다. 기본적 분석가는 소위 거시경제학

macroeconomics에서 말하는 여러 지표들, 이를테면, 경기나 금리, 환율, 유가 등을 살피면서 동시에 세계 여러 곳에서 일어나는 다양한 사건 사고, 정세의 변화, 지정학적 상황을 함께 들여다본다. 반면 기술적 분석가는 차트에 집중한다는 점에서 미시경제학microeconomics의 범위를 넘지 않는다. 기술적 분석가는 거시경제학에서 말하는 모든 지표는 이미 시장에 다 반영되었다고 믿고, 오로지 시장의 등락을 통해 적절한 매매 타이밍을 잡는 데 주력한다. 기본적 분석이 주로 가치투자나 장기 투자에 걸맞은 투자 방식이라면, 기술적 분석은 주로 단기 투자에 종종 활용된다.

사실 기본적 분석과 기술적 분석은 서로 상반된 관점이라고 할 수 없으며, 투자의 고수는 이 둘을 상보적으로 이해한다. 감정에 치우치지 않지만, 시장의 모멘텀을 무시하지도 않는다. 내가 만난 투자의 고수는 기본을 갖추면서 기술을 무시하지 않았다. 그래서 항상 경제신문이나 각종 뉴스에 귀를 기울이면서도 그 여파나 결과에 함몰되지 않는 전략을 함께 갖고 있었다. 그래서 그들은 시장에서 살아남았고, 시간의 압력을 이기고 성공 투자에 도달할 수 있었다. 차선의 투자자는 기술적 분석이나 기본적 분석 한 부분에 집중한다. 최악의 투자자는 기본도 안 되어 있으면서 오로지 자신의 근거 없는 감과 촉을 믿는다.

사실 시장은 우리가 살아가는 삶의 한복판에서 일어나는 일과 무

	기술적 분석	기본적 분석
목표	매매 시점 포착하기(타이밍)	좋은 종목 선정하기(종류)
대상	매수/매도 가격에 집중하기.	내재 가치에 집중하기.
관점	주관적 관점	객관적 관점
도구	차트에 집중함.	각종 재무제표를 활용함.
정보	거래량, 수급, 호가, 추세 등 미시경제	경기, 금리, 환율, 유가 등 거시경제
특징	시장이 변화할 방향 파악하기.	시장이 변화한 원인 파악하기.
자세	단기 투자	장기 투자, 가치투자
자금	비교적 작은 자금으로 가능함.	비교적 큰 자금이 동원됨.
장점	시장의 흐름을 파악하는 데 용이함.	먼저 취득한 정보를 이용하는 데 용이함.
단점	효율적 시장에서의 분석이 어려움.	기회비용을 고려하지 않음.

관하지 않다. 보통 기업은 각 분기마다 실적을 발표하는데, 기업 실적이 시장의 예상보다 저조할 때 흔히 '어닝쇼크earning shock'라는 말을 쓴다. 반대의 상황도 가능하다. 예상했던 것보다 실적이 좋았을 때는 '어닝서프라이즈earning surprise'라고 한다. 어닝쇼크든 어닝서프라이즈든 매수와 매도 타이밍을 재는 투자자라면 절대 놓칠 수 없는 정보다. 뿐만 아니라 각종 시사 뉴스나 확인 불가한 루머까지 투자에 활용되는 정보는 무궁무진하다. 기본적 분석을 추종하는 투자자는 지표로 나타난 펀더멘털만을 믿고, 기술적 분석을 따르는 투자자는 모멘텀과 센티멘털을 중시한다. 그러나 둘은 서로를 밀어내지 않는다.

기본적 분석과 기술적 분석 중 무엇이 바람직할까? 우문이다. 둘

중에서 무엇이 더 좋고 나쁘다고 말할 수 없다. 투자자의 성향에 따라 한쪽에 치중할 뿐이지 어느 것 하나 버릴 게 없다. 펀더멘털을 무시한 투자는 맹목적이다. 이는 마치 장님이 코끼리 다리를 만지는 것과 같다. 반대로 센티멘털과 모멘텀을 무시한 투자는 너무 이상적이다. 이는 현실의 소리에 귀를 틀어막고 사는 것과 같다. 시장은 진공상태가 아니다. 이러한 부분을 느낀 일부 투자자는 기본적 투자와 기술적 투자를 합쳐서 아예 '기술-기본적 분석techno-fundamental analysis'이라는 신조어를 만들기까지 했다. 내가 만난 투자의 고수들과 나눈 경험에 따르면, 결국 주식투자는 개인의 성향을 무시할 수 없다는 것이다. 아무리 남이 뭐라고 해도 자신이 느끼기에 더 합리적인 판단에 따라 투자 방향을 잡기 때문이다.

성서에는 "뱀 같이 지혜롭고 비둘기 같이 순결하라."(마태복음 10장 16절)라는 말씀이 있다. 뱀은 지혜의 상징으로 등장한다. 나는 기본적 분석과 기술적 분석이 머리 둘 달린 뱀, 즉 쌍두사라고 생각한다. 몸통은 하나지만 머리가 둘인 샴쌍둥이인 셈이다. 머리가 두 개 달려서 흉측하다고 하나를 잘라버리면 나머지 하나도 죽고 만다. 몸통이 살기 위해서 서로의 존재가 필요한 쌍두사처럼 나는 주식투자에서 기본적 분석과 기술적 분석이 어느 하나 간과하거나 소홀히 할 수 없는 방향이라고 믿는다. 물론 몸통이 찢어지지 않으려면 두 머리의 방향이 같은 곳을 향해 나아가야 하겠지만 말이다. ❖

사고의 두 체계: 투자자의 사고방식

대니얼 카너먼은 자신의 베스트셀러 저서 『생각에 관한 생각』에서 우리가 갖고 있는 인지 과정의 이중 시스템 이론을 소개한다. 바로 시스템 1 사고와 시스템 2 사고인데, 본래 이 구분은 심리학자 키스 스타노비치Keith Stanovich와 리처드 웨스트Richard West가 처음 제안한 개념이다. 시스템 1 사고는 자동적이고 빠르게 작동하며, 거의 노력 없이 자발적인 통제감 없이 이루어진다. 이 시스템은 직관적이고 감정적이며 편향에 취약하다. 반면 시스템 2 사고는 복잡한 계산과 의식적인 추론을 포함하여 노력을 요구하는 정신적 활동에 활용된다. 이 시스템은 시스템 1보다 더 느리고, 더 신중하며, 더 논리적이다.

시스템 1 사고	시스템 2 사고
작업 기억이 불필요함	작업 기억이 필요함
자동적, 자율적, 맥락적 사고	인지적, 연쇄적, 추상적 사고
반응 속도가 빠르다	반응 속도가 느리다
무의식적 사고	의식적 사고
선입견이 개입된 반응	규범적 반응
인지 능력과 독립적으로 작동함	인지 능력과 연동됨
경험에 기반을 둔 의사결정	규칙에 기반을 둔 의사결정

이 두 시스템을 이해하는 것은 투자자들이 결정을 내리는 방식과 이러한 과정에 영향을 미치는 편향을 분석하는 데 필수적이다.

투자의 맥락에서 시스템 1 사고와 시스템 2 사고는 종종 충돌하여 직관과 이성 모두에 의해 영향을 받을 수 있는 결정을 이끌어낸다. 시스템 1은 휴리스틱과 빠른 판단에 의존하여 투자자들이 직감이나 피상적인 단서에 기반한 즉각적인 결정을 내리도록 할 수 있다. 이는 빠르게 변화하는 시장에서 때때로 유익할 수 있지만, 과신이나 고정관념과 같은 편향에 취약해지는 위험도 올라간다. 반면 시스템 2는 투자 기회에 대한 보다 철저한 분석과 평가를 수행하여 상세한 정보와 논리적 추론에 기반한 결정을 촉진한다. 그러나 시스템 2의 신중한 특성은 시간 소모적이고 정신적으로 피로할 수 있어, 특히 압박을 받을 때 먹통이 되기 쉽다.

카너먼은 책에서 우리는 보통 자신을 시스템 2와 동일시한다고 말한다. 나는 어떤 경우에든 의식적이고 논리적으로 생각하며, 주체적이고 능동적으로 문제를 파악하고 합리적으로 의사결정을 내리는 사람이라고 믿는 경향이 있다는 것이다. 그런데 카너먼은 실지로 우리와 더 가까운 시스템은 시스템 1이라고 주장한다. 우리는 거의 자동적으로 작동하는 시스템 1의 생각을 수용하는 데 익숙하다. 한 단계 머리를 거쳐 시스템 2에 의해 걸러지는 생각은 부자연스럽게 느껴지고, 때론 내 생각이 아닌 것처럼 느껴지기도 한다는 것이다. 물론 그렇다고 시스템 2가 마냥 뒷짐을 지고 있는 것만은 아니다. 때로 고삐 풀린 망아지처럼 날뛰는 시스템 1을 제어하고 억제하는 데 기지를 발휘하기도 하기 때문이다.

빠른 사고와 느린 사고 간의 상호작용은 주식시장을 파악하고 투자 결정을 내리는 데 깊은 영향을 미친다. 시스템 1 사고는 시장 뉴스에 대한 빠른 반응을 초래할 수 있으며, 이는 불완전한 정보나 감정적 반응에 기반한 거래로 이어져 종종 장기 전략을 폐기하도록 이끈다. 예를 들어, 시장 변동성이 클 때 시스템 1에 의해 움직이는 투자자들은 패닉셀을 하여 투자 손실을 확정 짓거나, 트렌드를 쫓아 높아질 대로 높아진 가격에 사고 낮아질 대로 낮아진 가격에 파는 경우가 발생할 수 있다. 이런 상황에서 장기 투자는 그림의 떡이다. 그때그때 호재와 악재에 반응하며 널뛰는 장세를 따라가기 급급하기 때문이다.

물론 시스템 1 사고가 투자 결정에서 무작정 나쁜 것만은 아니다. 주식시장에서 투자 결정을 내릴 때 시스템 1은 빠르고 직관적인 의사결정을 가능하게 만든다. 자동적이고 직관적인 사고방식은 시시각각 변하는 주가에 능동적으로 반응하고 감정이나 본능에 따라 판단을 내리기 때문이다. 주식시장에서 단기적인 변동성에 대응할 때, 단기 투자자가 신속하게 시장의 흐름을 파악하고 반응하는 데 시스템 1이 그만큼 유리한 경우도 많다. 또한 과거의 경험과 직관을 통해 투자자들이 본능적으로 느끼는 감을 활용할 수 있다는 장점도 있다. 무의식적으로 생성되는 생각이다 보니 자신의 평소 생각이나 성격, 기질과 잘 맞는 결정을 내릴 수 있다.

반면 시스템 2의 체계적인 접근은 투자자들이 잘 계획된 전략을 유지하도록 도와주어 더 안정적인 수익을 가져올 수 있다. 그러나 시스템 2에 과도하게 의존하면 분석 마비에 빠져 지나치게 깊이 고민함으로써 투자 기회와 매수 매도 타이밍을 놓치는 결과를 초래한다. 결국 우리는 이것도 필요하고 저것도 필요하다. 우리 뇌에 두 가지 시스템이 다 존재한다는 것은 그만큼 두 체계가 상호 보완적으로 진화했다는 증거가 된다. 시스템 1과 시스템 2 사고 간의 균형을 이해하는 것은 투자 성과를 최적화하는 데 중요하며, 의사결정을 향상시키고 더 나은 시장 결과를 달성하기 위해 두 시스템의 조화로운 통합이 필요하다.

눈치가 빠른 독자라면 아마 금방 눈치챘을 것이다. 3장은 두 가지 체계로 쓰여 있다. 시스템 1 사고와 시스템 2 사고도 그렇고, 기본적 분석과 기술적 분석, 매수와 매도, 단기 투자와 장기 투자, 투자와 투기도 그렇다. 소위 언어적 전회linguistic turn를 거치면서 인간의 언어가 인식의 매개이자 총체라면 사회와 세계도 언어와 같은 방식으로 구조화되어 있을 거라는 전제가 가능해졌다. 언어를 랑그와 파롤로 구분한 페르디낭 드 소쉬르Ferdinand de Saussure의 영향을 받아 인류학자 클로드 레비-스트로스Claude Lévi-Strauss는 사회를 이항적 대립binary opposition으로 분류했다. 나는 심리학을 공부하며 일찌감치 인간과 사회를 이해하는 이런 체계에 깊은 영향을 받았다. 내가 구조화하여 특허까지 받은 남녀 무의식 상반성 이론도 이러한 체계 속에서 만들어진 것이다.

투자중독을 설명하면서 왜 이렇게 장황하게 이분법적 체계를 설명하느냐면 투자 역시 인간의 인지와 판단이라는 프레임 속에서 이뤄지는 의도적인 행위이자 선택적 의사결정이기 때문에 이러한 이항 체계에 갇혀 있을 수밖에 없다는 사실을 말하기 위함이다. 즉 투자 역시, 기간의 관점에서 볼 때, 장기 투자와 단기 투자가 서로 대립적 이항 체계를 이루고 있으며, 매수 매도 타이밍의 관점에서 볼 때, 기본적 분석과 기술적 분석이 서로 갈마들 듯 맞물려 있다는 말이다. 시스템 1 사고와 시스템 2 사고는 단순히 병렬적 구조로 배열되어 있는 것을 넘어 상보적인 체계를 이루고 있다. 이러한 구조를 정확하게 이해해야 실패에서 성공을 배울 수 있으며, 투기를 투자로 바꿀 수 있다. 이 부분은 너무 중요한 내용이기 때문에 뒤에서 자세히 설명하고자 한다. ❖

순간의 미학: 매수 매도 타이밍

주식도 엄연히 상품이며, 시장에서 거래된다. 이 말은 주식 역시 수요와 공급의 법칙에 따라 가격에 변동성이 발생한다는 뜻이다. 흔히 주가라고 말하는 주식 가격의 변동성을 결정하는 변수는 매우 다양하다. 국채 금리가 1%만 올라도 주식시장이 출렁이고, 유가나 환율이 움직이면서 관련주들이 등락을 거듭한다. 어디 그뿐인가. 돌발 변수들도 언제든지 터질 수 있다. 매년 겨울마다 잊지 않고 우리나라를 찾아오는 조류독감 때문에 양계 농가가 폐쇄되고 대규모 살처분을 진행하면 당연히 육계와 달걀 가격이 치솟는다. 언뜻 엉뚱한 (?) 문제인 것 같아도 시장은 생활과 유리되어 있지 않기 때문에 가격 변동을 이끌 수밖에 없다.

주식시장도 똑같다. 우리나라의 경우, 연기금과 같은 기관투자의 운용 정책은 주식시장에 지대한 영향을 끼쳐왔다. 주식시장에 어떤 자금이 누구에 의해 어떻게 들어오고 나가는지 아는 것이 그래서 중요한 법이다. 그럼 주식은 누가 살까? 주식시장에서 투자자는 크게 세 종류로 나뉜다. 개인 투자자, 기관 투자자, 외국인 투자자. 개인 투자자는 주식이나 채권 같은 유가증권에 투자하는 모든 개인을 일컫는다. 자신이 직접 주식을 거래하든지 아니면 전문가에게 맡겨 간접 투자를 하든지 대부분 개인 투자자의 범주에 들어간다. 소위 '개미'라고 불리는데, 시쳇말로 국내 주식에 투자하는 개인 투자자를 '동학 개미'로, 해외 주식에 투자하는 개인 투자자를 농담 삼아 '서학 개미'라고 부른다.

반면 기관 투자자는 은행이나 회사, 증권사, 보험사, 자산운용사에서부터 정부 기관이나 지자체 같은 단체들에 이르기까지 개인이 아닌 단체로 주식시장에 진입한 투자 주체를 말한다. 특히 국민연금 같은 연기금을 관리하는 기관들도 주식시장에 들어와 있는 대표적인 '큰손' 기관 투자자들이다. 이들은 개인 투자자에 비해 막강한 자본금을 토대로 전문적인 투자 행태를 보이며 주식시장에서 나름 성과도 잘 내는 편이다. 외국인 투자자는 말 그대로 국내 개인 투자자나 기관 투자자를 제외한 모든 해외 투자자를 지칭한다. 90년대 후반 국내 금융시장이 개방된 이래, 주식시장에서 외국인 투자자의 비중이 꾸준히 늘어왔고, 지금은 국내 증시에서 없어선 안 될 핵심 투자자가 되었다.

2020년 한해 코스피의 거래 실적을 살펴보면, 외국인은 541조를 매도하고 514조를 매수했다. 전체에서 16%에 해당하는 비중이다. 반면 기관은 590조를 매도하고 554조를 매수하여 17%, 개인 투자자는 2,194조를 매도하고 2,254조를 매수해서 66%를 차지했다. 거래 내역만 보면 개인 투자자의 영향력이 절대적인 것처럼 보인다. 하지만 이들의 매매회전율을 살펴보면, 이야기는 달라진다. 개인 투자자가 기관 투자자나 해외 투자자에 비해 지나칠 정도로 회전율이 높은 것으로 드러났다. 쉽게 말해, 수없이 사고팔면서 매수와 매도의 간격이 짧다는 뜻이다. 투자 기간과 보유 기간이 짧다 보니 세금과 수수료를 내고 나면 사실상 개인 투자자의 수익률은 기관과 외국인에 비해 떨어질 수밖에 없다.

주식투자자가 누구든 간에 수익을 극대화하면서도 동시에 리스크를 적절한 수준에서 관리하는 기술을 터득하는 과제를 떠안는다. 그중 제일 중요한 것이 매수 매도 타이밍을 정하는 일이다. 언제나 버스가 지나가고 나서 뒤늦게 손을 흔드는 이들이 많다. '아, 그때 팔았어야 했는데.' 때늦은 후회를 해도 소용없다. 투자의 고수는 매수 매도 타이밍을 정할 때 다음과 같은 부분을 먼저 고려한다. 물론 고수라고 해서 실수가 없진 않지만, 반복된 실수를 줄이고, 실기失幾로 인한 리스크를 줄이는 데 뛰어난 경험치를 갖고 있다.

이동평균선과 추세선, 거래량과 거래주체도 매수 매도 타이밍을 잡을 때 관심 있게 지켜봐야 한다. 먼저 이동평균선(이평선)은 5일 (일주일), 20일(한 달), 60일(석 달), 120일(여섯 달) 등 일정 기간에 따라 주가 평균값을 연결한 꺾은선그래프로 거래액과 매매대금, 주가 등 다양한 분야에서 현재의 흐름과 미래의 변동을 예측하는 데 활용된다. 한마디로 시장에 들어와 있는 투자자들의 심리와 욕구가 그대로 표현된 지표라고 할 수 있다. 특히 저항선과 지지선 같은 주가 추세를 보여주기 때문에 이평선은 매수와 매도를 앞둔 투자자들에게 매우 중요한 정보를 제공한다. 5일 이동평균선을 속칭 '생명선', 20일 이동평균선을 '세력선', 60일 이동평균선을 '수급선', 120일 이동평균선을 '경기선'이라고 한다. 주가가 상향일 때는 이 선들이 순서대로 놓인 '정배열'을 보이고, 주가가 빠질 때는 반대로 120일, 60일, 20일, 5일 순서로 '역배열'을 보인다. 정배열과 역배열은 해당 주가의 전반적인 추이를 보여주는 가장 기본적인 가이드라인이다.

위에 있던 5일 이평선이 20일 이평선 아래로 떨어지는 지점을 데드크로스death cross, 즉 시장에서 곡소리가 나는 시기라면, 밑에 있던 5일 이평선이 20일 이평선을 뚫고 위로 올라가는 지점을 골든크로

기술적 분석	기본적 분석
과거의 가격 움직임과 거래량을 바탕으로 주식의 미래 가격을 예측하며, 주로 차트와 지표를 이용하여 매수와 매도 시점을 결정함.	기업의 펀더멘털, 즉 재무제표를 통해 재무상태와 경영 성과, 산업 환경 등을 분석하여 주식의 내재 가치를 평가하고 매수 및 매도 시점을 결정함.
지원선과 저항선: 주가가 이전에 자주 반등하거나 저항을 받았던 가격대를 분석하여 매수와 매도 시점을 결정함. 주가가 지원선에 근접할 때 매수를 고려하고, 저항선에 근접할 때 매도를 고려함. 이동평균선: 단기 이동평균선(예: 5일선)과 장기 이동평균선(예: 50일선)을 비교하여 주식의 추세를 파악함. 골든크로스는 매수 신호로, 데드크로스는 매도 신호로 간주함. 상대강도지수(RSI): 주식이 과매도 또는 과매수 상태인지 판단하는 지표로 30 이하일 때 과매도, 70 이상일 때 과매수로 간주함. 과매도 상태에서는 매수 타이밍, 과매수 상태에서는 매도 타이밍으로 간주함. 이동평균수렴발산지표(MACD): 두 개의 이동평균선 차이를 이용해 매수와 매도 시점을 알려줌. MACD선이 신호선 위로 교차할 때 매수, 아래로 교차할 때 매도로 해석함.	기업 실적: 매출, 영업이익, 순이익 등의 재무성과가 좋은 기업은 일반적으로 매수 타이밍으로 고려함. 반대로 실적이 나쁜 기업은 매도 시점이 될 수 있음. 주가수익비율(PER): 비율이 너무 높으면 주식이 과대평가되었을 수 있어 매도 신호가 될 수 있음. 반면 비율이 낮을 때는 주식이 저평가된 것으로 간주돼 매수 타이밍이 될 수 있음. 배당수익률: 안정적인 배당금을 지급하는 기업은 장기적인 투자 관점에서 매수 타이밍이 될 수 있음. 거시지표: 산업 및 경제 상황: 경기 사이클, 금리, 인플레이션 등의 거시 경제적 요소가 주식시장에 큰 영향을 미침. 경제가 성장하는 시점에는 주식이 상승할 가능성이 높아 매수 타이밍이 될 수 있으며, 경제 침체가 예상되면 매도 타이밍일 수 있음.

스golden cross, 즉 시장이 살아나는 시기로 본다. 보통 골든크로스일 때는 매수를, 데드크로스일 때는 매도를 진행한다. 이 밖에 현재 가격과 이평선을 비교하여 기울기의 변화를 추적하는 방식으로 투자 타이밍을 잡는 투자자들도 있는데 복잡하고 전문적인 부분이라 여기서는 생략하겠다.

이동평균선말고 추세선도 있다. 고점은 고점끼리, 저점은 저점끼리 일직선으로 연결하여 주가의 흐름을 보여주는 선을 추세선이라고 한다. 투자자가 추세선을 봐야 하는 이유는 주가의 추이를 한눈에 확인하여 정확한 매수 매도 타이밍을 잡기 위해서다. 추세선에는 각기 흐름의 성격에 따라 '상승추세선'과 '하락추세선', '횡보추세선'이 있다. 상승추세선은 차트의 저점끼리 꼭지점 삼아 선을 연결하는데 그 아래로 주가가 떨어지지 않는다는 의미로 종종 '지지선'이라고도 불린다. 반대로 하락추세선은 고점끼리 꼭지점 삼아 연결한 선으로 그 위로는 주가가 오르지 않는다는 의미로 종종 '저항선'이라고도 불린다. 한마디로 저항선과 지지선은 각기 차트의 위아래 꼭짓점을 연결한 직선으로 투자자들에게 매수와 매도 타이밍을 잡는 기준으로 쓰일 수 있다.

반면 횡보추세선은 주가가 큰 상승이나 하락 없이 오르내리는 형태를 말하며, 지지선이나 저항선처럼 꼭지점을 연결하여 선을 그을 수는 없는 가상의 추세선이다. 흔히 지지선과 저항선 사이를 오간다고 해서 '박스권'이라고도 불린다. 기본적으로 지지선에서는 매수를, 저항선에서는 매도를 하는 투자 전략을 권한다. 물론 이는 일시적인 주가 흐름을 반영한 것이기 때문에, 주가가 지지선을 붕괴시킬 때는 반대로 매도를, 저항선을 뚫을 때는 매수를 해야 한다. 주가가 횡보할 때는 지지선에 근접할 때 매수를, 저항선에 근접할 때 매도를 한다.

주식시장은 신뢰를 바탕으로 돌아간다. 다시 말해서, 기저에 심리적 동향이 반영되어 있다는 말이다. 따라서 시장의 심리를 읽는 것도 투자자에게 중요한 안목이다. 시장에 과도한 낙관론이나 비관론이 퍼져 있다면 어떻게 할까? 반대로 가야 한다. 투자자들이 지나치게 낙관적일 때는 시장이 과열된 상태일 수 있어 매도 신호가 될 수 있다. 반대로 과도하게 비관적일 때는 저평가된 주식을 매수할 수 있는 기회가 될 수 있다. 필자가 알고 있는 한 투자자는 주가가 반토막 나고 우량주들이 곤두박질칠 때 축제 시즌이라며 샴페인을 터트린다고 한다. 2천억 이상의 투자금을 운용하는 그에게 가격이 떨어지는 건 가치주들을 주워 담을 수 있는 절호의 기회인 셈이다. 콧노래를 부르며 바닥에 떨어진 주식을 줍는 건 다 이유가 있다. ❖

단기 투자와 장기 투자

투자는 보유와 매매 사이를 오가는 진자 운동과 같다. 무작정 주식을 오랫동안 묵혀둔다고 해서 늘 수익을 내는 건 아니다. 된장과 와인은 오래 묵을수록 맛과 풍미가 더할 수 있지만, 주식은 괜히 들고 있다가 똥이 될 수도 있다. 반대로 매매만 신경 쓰다 보면 주식이 갖는 진정한 가치를 바라보지 못할 수 있다. 주식은 편의점에서 삼각김밥이든 컵라면이든 별다른 고민 없이 흔히 살 수 있는 여느 상품과 전혀 다르다. 주식은 액면가를 넘어서는 가치와 함께 속절없이 가치가 사라질 위험까지 담겨 있기 때문이다. 따라서 단순히 보유와 매매의 기간만 갖고 단기 투자와 장기 투자를 무 자르듯 구분하는 건 무의미한 말장난일 수 있다.

그럼에도 우리는 투자의 방향과 성격을 규정하는 데 이 두 가지 개념을 활용할 수 있다. 필자가 만난 대부분의 투자자는 장기 투자자였지만, 투자금 10억을 가지고 데이트레이딩으로 쏠쏠한 수입을 거두는 투자자도 알고 있다. 그렇다면 단기 투자는 무엇일까? 말 그대로 단기 투자는 짧은 기간을 두고 투자금을 넣었다 빼는 전략을 말한다. 대표적인 단기 투자에 단타매매라는 게 있다. 단타는 짧은 기간 안에 매수와 매도를 반복하여 시세 차익을 얻는 투자 전략을 말한다. 단타는 타이밍이 전부다. 당장 오늘의 주가만 신경 쓰기 때문에 회사의 미래나 전망 같은 건 중요하지 않다. 그저 시장에서 오늘 등락을 거듭하는 주식을 싸게 사서 조금 올랐을 때 바로 팔아버리는 게 목표다.

이것보다 더 빠른 투자 기법이 바로 초단타매매다. 벌써 명칭에서 초 단위를 다투는 긴박함 때문에 눈썹 타는 냄새가 나는 것 같다. 단타를 능가하는 게 초단타다. 초단타는 사람이 할 수도 없다. 보통 주가가 미리 정해놓은 조건을 충족하면 일정한 알고리즘으로 돌아가는 컴퓨터 프로그램으로 수십 번에서 수백 번 이상 주문을 내면서 수익을 낸다. 업계에선 '쿼트스터핑quote stuffing' 또는 '스캘핑scalping'이라고도 한다. 가격을 박피하듯 긁어내는 것과 같다. 이런 투자는 장단점이 명확하다. 복잡한 지표나 재무제표 없이 차트의 등락만 갖고 진입이 가능하다는 건 장점이다. 반면 시장 변동성 때문에 리스크가 크고 빈번한 매매로 거래 비용이 발생할 수 있다는 단점도 무시할 수 없다. 등락에 따른 일희일비로 오는 스트레스도 개인 투자자에겐 무시할 수 없는 단점이다.

반면 이와는 정반대로 매우 느긋한(?) 투자 기법도 있다. 바로 장기 투자다. 장기 투자는 장기적 관점에서 우상향을 할 것으로 예상되는 주식, 시장에서 저평가된 주식을 매수하여 원하는 수준까지 주가가 오를 때까지 참고 기다리는 전략이다. 이는 마치 밑밥을 줄기차게 주면서 때를 기다리며 세월을 낚는 낚시꾼과 같다. 장기 투자는 단기 투자처럼 특정한 매수 시기나 타이밍을 중요하게 여기지 않는다. 보통 5년에서 길면 10여 년 이상 보유하기 때문이다. 훗날 노후자금으로 치고 구매한 주식을 묻어두는 투자자들이 대표적이다. 대부분의 가치투자가 바로 이러한 장기 투자에 속한다. 장기 소외주나 오랜 조정을 받아 이제는 시장에서 거의 주목을 받지 못하는 저가의 종목을 매수하고 상승을 기다린다.

대표적인 장기 투자자로는 벤저민 그레이엄과 워런 버핏이 있다. 그레이엄Benjamin Graham은 가치투자라는 개념을 처음 만들어낸 인물인데, 소위 '안전마진margin of safety'이라는 개념을 통해 시장에서 가격이 싼 좋은 기업을 발굴하는 투자 방법을 제시했다. 안전마진이란 미래의 적정 가치와 현재 시장의 가치 사이의 괴리를 말한다. 그레이엄은 기업의 내재가치보다 시장에서의 주가가 낮을 때를 매수의 적기라고 본 것이다. 그는 그런 "안전마진이 있는 주식을 매수하여 성장할 때까지 기다렸다가 충분히 비쌀 때 팔라."고 조언했다.

버핏은 안전마진을 설명하기 위해 '경제적 해자'라는 개념을 제시했다. 본래 해자垓字란 적의 침입을 막기 위해 성 주변에 파놓은 인공 연못을 말한다. 버핏은 가치투자를 설명하기 위해 바로 이 해자를 예로 들었다. 한 회사를 성채에 비유한다면, 해자는 그 회사가 시장에서 갖는 경쟁력, 즉 다른 업체(적군)가 감히 넘볼 수 없는 독점적 지위를 뜻한다. 결국 가치주가 갖는 경제적 해자는 다른 경쟁업체가 들어올 수 없을 정도로 진입장벽이 높은 회사의 특징이라고 할 수 있다. 이런 대표적인 가치주로는 코카콜라와 애플이 있다. 코카콜라와 애플은 다른 회사가 진입할 수 없는 무형자산, 즉 대체 불가한 브랜드를 갖고 있다. 이 밖에 원가 우위와 전환비용, 네트워크 효과, 효율적 규모와 위치의 이점 등이 경제적 해자에 해당한다.

가치주는 대부분 이런 경제적 해자를 갖고 있는 회사의 주식이다. 장기 투자의 대원칙은 무수한 종목 중에서 시간을 견딜 수 있는 내재적 가치가 있는 주식을 찾아내는 것이다. 투자의 고수는 가치주를 골라내는 독보적 안목을 갖고 있다. 시장의 관점에서 주식은 크게 세 가지로 나눌 수 있는데, 가치주와 우량주, 테마주가 그것이다. 가치주는 앞으로 성장 가치가 큰 주식을 말한다. 한마디로 회사의 현재 가치보다 미래 가치가 더 높다고 판단되는 주식이다. 자산에 비해 현재 기업의 가치가 상대적으로 저평가되어 있어 시장에서 낮은 가격에 거래되는 주식일 수도 있고, 지금도 충분히 비싸지만 앞으로 더 성장할 수 있는 잠재력을 가진 주식일 수도 있다. 투자의 고수는 입버릇처럼 말했다. "사실 투자에서는 가치주를 찾을 수 있는 안목이 전부다."

다시 말하지만, 주식시장은 진자 운동을 한다. 상승과 하락이 반복되며, 불장bull market과 곰장bear market이 오간다. 우리네 인생사처럼 내리막이 있으면 오르막이 있다. 달도 가득 차면 다시 이지러지기 마련이다. 우리가 진흙 속에 진주를 찾는 심정으로 사람들이 주목하지 않은 가치주를 찾아내어 안전한 투자를 진행하는 것이 당연하겠지만, 때로 단기간에 큰 수익을 얻겠다는 욕심이 지나쳐 시장을 이기거나 뛰어넘기 위해 발버둥 치다가 도리어 제풀에 못 이겨 고꾸라지고 만다. 소나기가 내릴 때는 잠시 처마 밑에 몸을 숨기는 지혜가 필요할 때도 있다. 단기 투자든 장기 투자든 결국 어느 시점에서 인간이 내리는 결정에 불과하며 때로 한 치 앞도 내다볼 수 없을 정도로 짙은 안개가 낀 상황이라면 잠시 달리던 말을 멈추는 것도 필요하다. 누구 말마따나 멈추면 비로소 보이는 것들이 있다고 하잖은가?❖

투자와 투기의 경계

투자와 투기는 글자 하나 차이지만 본질은 하늘과 땅 차이라 할 수 있다. 투자investment는 장기적인 가치를 창출하거나 보유 자산을 안정적으로 늘리기 위해 자본을 투입하는 활동이다. 바른 투자자는 수익에만 집중하는 게 아니라 손실 가능성도 염두에 두고 분석과 계획을 바탕으로 리스크를 관리한다. 이들은 한마디로 '돌다리도 두들기며 건넌다.'는 신조로 살아간다. 반면 투기speculation는 단기적인 가격 변동을 이용해 이익을 얻으려는 활동이다. 이는 투자의 본질적 가치를 고려하지 않고, 자산 가격이 오를 것이라는 기대에만 의존하기 때문에 리스크를 무시하거나 과소평가하는 경향이 있다. 심지어 금융권에서 돈을 빌려 투자에 활용하기도 한다. 투기꾼은 '인생은 한 방'이나 '하이 리스크 하이 리턴' 같은 신조로 살아간다.

현실에서 투자자와 투기꾼은 한 끗 차이다. 내가 만난 A씨(40대)는 투자와 투기를 오가는 모험을 즐겼다. 은행원이었던 A는 단순히 월급을 꼬박꼬박 모아서 인생 역전을 할 수 없다는 사실쯤은 잘 알았다. 그래서 결혼과 동시에 일찌감치 투자에 눈을 돌렸다. A는 처음엔 나름 안정적인 수익을 내면서 순항하는 듯했다. 그러나 잰걸음에 조바심이 났는지 자잘한 수익에 감질났는지 그의 투자 전략은 시간이 갈수록 대담해졌다. 부동산 갭투자에 손을 대더니 하루는 전화가 와서 받으니 경기도에 아파트 다섯 채를 샀다고 했다. 그는 '이생망'이니 '인생 뭐 있어.' 같은 말을 종종 했다. 위험신호다. 심리적 보상체계가 물적 토대로 환원되는 역전 현상이 일어난 것이다. 얼마 안 가서 A는 결국 은행도 퇴사하고 전업 투자자로 돌아섰지만, 최근 전세 사기 명단에 오르내린다는 이야기를 전해 듣게 되었다.

A는 과연 어디서부터 잘못된 것일까? 어디까지 투자라 부를 수 있고, 어디부터 투기로 봐야 할까? 이 질문에 답하기 위해선 내가 장기적인 관점으로 주식시장에 분석적 접근을 하고 있는지, 눈앞의 이익에 매몰되지 않고 리스크 관리를 적절히 하고 있는지, 소문이나 찌라시가 아닌 통계와 지표, 뉴스와 정보에 귀를 기울이며 안정적인 수익을 추구하고 있는지 자문해야 한다. 내가 국내 우량기업, 이를

테면, 삼성전자에 투자한다고 가정해 보자. 제일 먼저 나는 해당 기업의 재무제표를 분석하고, 산업의 성장 가능성을 검토한 다음 주식을 매수하려 할 것이다. 장기적으로 주식을 보유하면서 배당 수익과 장기적인 주가 상승을 통해 꾸준히 이익을 얻으려는 데 목적을 두기 때문이다.

반면 투기는 시작부터 다르다. 일단 차트를 보고 급등하는 종목을 단기 매수하려 한다. 해당 기업이 무슨 회산지, 장기적 성장 가능성이 있는지, 매출은 어떤지는 논외로 한다. 최근 단기적으로 급등한 테마주, 이를테면, IT나 AI 같은 신기술 관련 주식을 공격적으로 매수한다. 필요하다면 금융권을 통해 급전을 당겨올 수도 있다. 물론 리스크가 있지만, 앞으로 가져올 수익(이 수익 역시 가능성에 머물러 있지만)으로 리스크를 충분히 상쇄하고도 남는다고 믿는다. 그렇게 단기간에 주가가 더 오르면 재빠르게 매도하여 차익을 얻으려 한다. 한마디로 치고 빠지겠다는 심산이다. 거기까진 좋다. 문제는 빚투나 영끌로 무리하게 매수를 일으킨다는 데 있다. 이들이 '투기꾼'으로 불리는 이유가 여기에 있다.

투자와 투기는 자산을 매입하는 접근 방식과 철학에서 큰 차이가 난다. 나는 이를 '투자적 마인드'와 '투기적 마인드'로 부른다. 투자적 마인드는 장기적인 안목으로 가치를 보고 자산을 관리하며, 투기꾼은 단기적 이익을 추구하며 빚을 내서 높은 위험을 감수한다. 따라서 개인의 목적, 리스크 감내 능력 그리고 시장 분석 능력에 따라 시장에서 이 둘의 운명은 확연히 갈린다. "하늘이 두 쪽 나도 보증을 서는 일과 주식에 손대는 일은 하지 마라." 어르신들이 자녀에게 신신당부하는 이야기도 사실 투기꾼의 한탕주의로 패가망신하는 사례를 주변에서 너무 많이 봤기 때문이다. 중요한 것은 자신의 목표에 맞는 전략을 선택하고, 자산을 책임감 있게 관리하는 것이다.

바른 투자자라면 가치를 어디에 둬야 할까? 단순히 매출만 보지 말고 경영진의 비전과 능력, 회사가 연구 개발, 즉 R&D에 투자하는 비율, 시장점유율, 브랜드 가치와 소비자의 충성도 등등 다각적으로 판단해야 한다. 시장에서 아무리 값이 싼 주식이라도 회사가 장차 이윤을 늘리지 못한다면 살 가치가 없다. 반대로 회사가 새로운 사업에 진출하여 확장성을 늘릴 때는 일시적으로 당기순이익이나 유동자산, 현금흐름 등의 지표가 도리어 나빠질 수 있다는 사실도 유념해야 한다. 눈에 드러난 숫자만 가지고 회사를 판단해서는 안 된다는 사실을 투자의 고수는 절대 놓치지 않는다.

수익은 차익 실현만으로 얻는 게 아니다. 주식을 통해 얻을 수 있는 가치는 주가 상승으로 이익을 얻는 것뿐 아니라 일정한 배당을 통해서도 이익을 얻을 수 있다. 주주들에게 꾸준히 배당을 주는 건 회사가 수익을 내는 안정적인 기업이라는 사실을 입증하는 것이기 때문에 종목을 선정하는 데 배당주를 중심으로 투자를 고려하는 것

	투자적 마인드	투기적 마인드
목표	수익을 통한 안정적인 자산 증식	수익을 통한 생계 유지
전략	수익과 리스크 관리를 동시에	수익에 집중, 리스크 무시
대상	가치주, 우량주	급등주, 테마주
방법	정보 수집과 분석	시세 추종
가치	해당 주식의 가치 상승	시세 차익에 따른 수익
기간	장기 투자, 긴 호흡	단기 투자, 짧은 호흡
자본	보유 자산	빚투, 영끌

도 좋은 방법이다. 이때 배당은 추가로 주어지는 보너스 같은 개념이 아니다. 내가 만난 투자의 고수는 차익 실현이 아니라 배당이 도리어 수익의 중심이라는 사고를 갖고 있었다. 물론 두 가지가 다 가능한 주식도 있다. 삼성전자나 SK하이닉스 같은 우량주는 이미 시장에서 수익을 낼 수 있는 블루칩이면서 매년 꾸준히 주주들에게 고배당을 주는 배당주다. 하지만 중요한 건 지금 당장 수익은 크지 않지만 잠재적 가치가 큰 중소형주를 노리는 것이다.

내 전략을 투기적 마인드에서 투자적 마인드로 바꾸기 위해서 먼저 가치주를 찾는 자세를 가져야 한다. 가까운 시일 내에 당장 수익은 기대할 수 없지만, 최소 3~5년 뒤부터 재미를 볼 수 있는 주식들이 여기에 해당한다. 아직까지 시장이 알아주지 않지만 충분히 성장 가능성이 있는 주식들을 낮은 가격에 선점하는 데에는 투자자로서 상당한 용기가 필요하다. 이때 투자의 고수들은 한결같이 규모의 경제, 즉 수량이 관건이라고 입을 모은다. 가격이 낮은 만큼 수량을 늘려 시세 차익을 노리는 전략이다. 투기적 마인드에서 벗어나려면 시장 안팎의 루머에 의존하지 말고 자신의 건전한 안목을 믿고 지속적인 분할 매수로 해당 주식을 매집해야 한다.

투자적 마인드를 갖기 위해 언제나 열린 마음으로 공부해야 한다. 뉴스와 시사에 밝아야 한다. '오늘 주식은 어제 신문 헤드라인이 결정한다.'는 말이 있다. 좋은 소식은 좋은 소식대로, 나쁜 소식은 나쁜 소식대로 다음 날 주가에 바로 반영된다. 보다 급박한 뉴스의 경우에는 당일 바로 주가가 곤두박질칠 수 있다. 9/11 테러가 있었던 2001년 9월 11일, 미국 주식시장이 장중 최대치로 떨어졌던 걸 우리 모두 기억한다. 한국에는 다음 날인 9월 12일에 여파가 미쳤다. 충격파를 감안하여 당일 국내 주식시장은 3시간이나 늦게 개장할 정도였다. 그럼에도 거래 개시와 함께 코스피는 한꺼번에 9.33%까지 빠졌고, 종가는 12%가 하락한 채 시장이 마감되었다.

역사는 반복되며 지금 이 순간에도 끊임없이 주가를 흔들고 있다. 2020년 전 세계를 강타한 코로나 바이러스가 대표적인 사건이다. '검은 월요일'이니 '검은 목요일'이니 관련자들은 주가 폭락이 일어난 해당 날짜에 별칭을 붙이는 데 질릴 정도다. 물론 전쟁이나 테러, 천재지변과 같은 극단적인 상황이 아니라도 시시콜콜한 정재계 뉴스는 마치 나비효과처럼 당일 혹은 익일의 주식시장에 토네이도를 몰고 올 수 있다. 모 연구소가 신약을 개발하거나 어떤 기업이 혁신적인 메모리칩을 개발한다는 소식이 공중파 뉴스를 타고 우리의 귀에 들어올 때쯤에는 이미 주식시장은 영향권에 들어선 상태인 경우가 많다. 이때 투기적 마인드는 남들보다 조금이라도 빨리 정보를 얻기 위해 지푸라기라도 잡는 심정으로 증권가 찌라시를 읽곤 한다.

투자적 마인드를 가진 투자자는 어떻게 해야 할까? 확증편향에 빠지지 않고 객관적으로 시장을 바라볼 필요가 있다. 주식투자에서 무의미한 정보란 없다. 모든 정보는 시장에서 각종 루머와 뉴스를 생산하고 이 정보는 우리의 손익계산서에 영향을 미친다. 주가는 경기가 너무 좋아도 너무 나빠도 오를 수 있다. 주식시장에서 상승과 하락을 주도하는 이야기가 무엇인지 평소 귀담아듣고 눈여겨봐야 한다. ❖

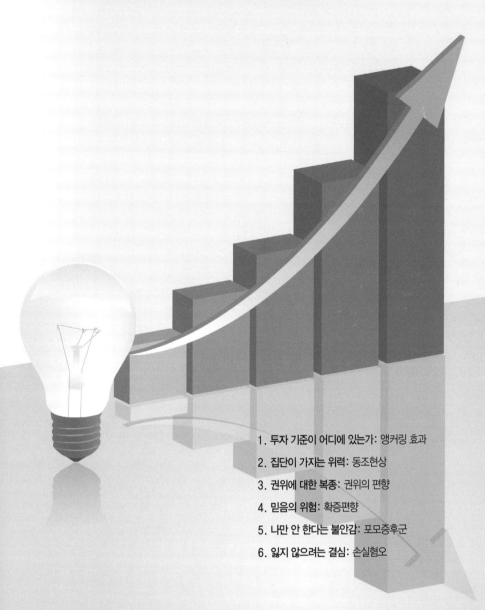

Chapter 4
경계해야 할 인지 오류(1)

"인간이 가진 이해력의 특이하면서도 영속적인 오류는
부정적인 것보다 긍정적인 것에 더 마음을 움직이고 들뜬다는 사실이다."

― 프랜시스 베이컨 ―

흔히 운은 하늘이 내린다고 말한다. 흥미로운 점은 천운이나 확률, 경우의 수 등 수학과 통계 분야의 발전은 바로 도박장에서 이뤄졌다는 사실이다. 그리고 그 확률의 세계는 오늘날 투자 이론에도 그대로 적용되었음은 물론이다. 최근 암호학과 빅데이터, 확률론은 컴퓨터 프로그램에 없어선 안 될 중요한 이론이 되었다. 사정이 이렇다 보니 온갖 미신과 억측, 각종 음모론과 종교적 담론도 여기에 끼어들게 되었다. 그래서 파스칼은 신의 존재를 두고 내기를 걸겠다고 호언장담을 한 것이리라. 주식투자 관련 유튜브를 보면, 아니면 말고 식의 음모론 하나쯤 걸고 가지 않는 채널이 없는 것 같다. 이것저것 던진 것 중에 하나라도 용케 걸리면 당장 구독자가 폭증하며 채널이 성장하기 때문이다.

그렇다고 장래와 노후를 결정할 일생일대의 투자를 두고 단순히 운과 확률에 맡길 수 있겠는가? 그래서 많은 이들이 투자에 앞서 미리고개 무속인을 찾아가나 보다. 한편으론 그나마 무속인을 찾아가는 성의(?)라도 보이는 건 나은 거 같다. 개중에는 다트를 던져서 투자할 주식을 무작위로 고르는 것과 진배없는 묻지마 투자를 남발하는 경우도 있다. 그릇된 투자 습관이 쌓이다 보면 인지 오류를 만들어낼 수도 있다. 편향적 사고와 비논리적 판단이 계속되면 수익은 커녕 투자금을 전부 날릴 수 있다. 도스토옙스키는 "자기 자신에게 거짓말하는 것이 타인에게 거짓말하는 것보다 마음속에 더 깊이 뿌리내린다."라고 말했다. 이번 장에서는 주식투자에서 경계해야 할 인지 오류들을 차례로 만나보도록 하자.

투자 기준이 어디에 있는가: 앵커링 효과

흔히 앵커는 TV에서 뉴스를 보도하는 진행자를 지칭한다. 지금도 그런 표현을 쓰는지는 잘 모르겠지만, 불현듯 십여 년 전 한 패널이 여성 뉴스 진행자를 남성 앵커의 상대 개념으로 '앵커우먼'이라고 불렀다가 공개적으로 망신을 당했던 일이 떠오른다. 요즘처럼 PC(정치적 올바름)다 뭐다 해서 공식적으로 직업명에 남녀를 구별하는 용어 사용을 자제하는 분위기에서 앵커우먼이라는 말은 의도와 상관없이 '앵커'에 도달하지 못한 존재, 어딘가 모르게 부족한 부수적 존재라는 인상을 주기에 충분하다. 이유는 간단하다. 지금 우리가 처음부터 암묵적으로 앵커를 논의의 '기준'으로 잡았기 때문이다. 그래서 앵커우먼은 앵커라는 기준점에서 상대적인 대상으로 전락한 것이다. 이게 바로 '앵커링 효과anchoring effect'다.

앵커는 사실 영어로 '닻'을 의미한다. 배가 항구에 정박할 때 보통 선장은 바다 아래로 앵커를 내려 선박의 위치를 고정한다. 그렇게 앵커가 내려간 곳이 배가 마땅히 있어야 할 위치, 즉 해상 좌표가 되는 셈이다. 만에 하나 선박이 표류하거나 이탈하여 좌표가 흔들리면 당장 승객과 하물의 안전을 담보할 수 없게 된다. 그래서 앵커는 닻이라는 뜻 말고도 줄다리기 시합을 할 때 제일 뒤에서 팀의 중심을 잡는 선수를 가리키기도 하고, 400미터 계주에서 바통을 이어받는 마지막 선수를 의미하기도 한다. 넷플릭스 드라마 「오징어게임」에서 나온 것처럼 줄다리기에서는 마지막 선수가 제일 중요하다. 그래서 마지막에 줄을 잡고 버티는 선수는 앵커가 된다. 마찬가지로 보통 팀에서 가장 빠른 선수를 마지막 주자로 배치한다. 그래서 은퇴하기 전 자메이카 육상 계주팀에서 앵커는 항상 우사인 볼트가 맡았다.

앵커링 효과는 처음 접한 어떤 숫자나 가격 혹은 통계가 인지적으로나 감정적으로 판단 기준이 되는 인지 오류를 말한다. 이는 미국의 유명한 인지심리학자 대니얼 카너먼과 아모스 트버스키Amos Tversky가 일찍이 여러 심리 실험으로 개념화했다. 그들은 피실험자들을 모아놓고 UN 회원국 중 아프리카 가입국이 얼마나 되는지를 묻는 실험을 수행했다. 외관상 간단한 실험이었다. 다만 여기에는 피실험자가 미처 모르는 낯선 설계가 하나 숨어 있었는데, 실험에 참여한 이들에게 1부터 100까지 숫자가 적힌 돌림판을 돌린 뒤, 멈추면 숫자를 확인해 달라는 주문이 그것이었다. 따라서 각 참가자는 반드시 숫자를 확인한 뒤, UN 회원국 중 아프리카 국가가 차지하는 비율을 말해야 했다.

결과는 흥미로웠다. 돌림판에서 낮은 숫자가 나온 사람은 아프리카 국가 비율을 낮게 말했고, 높은 숫자가 나온 사람은 덩달아 비율을 높게 말했다. 사실 우연을 기반으로 한 돌림판의 숫자와 사실관계가 명확한 UN 아프리카 가입국 숫자 사이에는 아무런 연관성이 없었지만, 참가자들은 자기도 모르게 두 숫자를 머릿속에서 합쳐 버렸다. 이처럼 기준점을 미리 제시받으면 그에 따라 인지적 선택에도 일정한 영향을 받는 상황을 앵커링 효과, 우리말로 '정박효과碇泊效果'라고 부른다. 인간은 의사결정을 내릴 때 이전의 기준이나 단일 정보에 과도하게 의존하는 경향을 보인다. 앵커링의 사례는 우리 일상에서도 흔히 찾을 수 있다. 동네 마트는 잊을 만하면 '원 플러스 원' 행사나 '덤 증정' 같은 이벤트를 진행한다. 기존 가격을 아는 상태에서 할인된 가격으로 제품을 구성하면 구매자는 합리적인 소비를 했다고 생각하기 때문에 예정에도 없던 구매를 앞당긴다.

이처럼 앵커링 효과는 우리가 미처 깨닫지 못한 상황에서도 종종 발생하며, 특히 투자나 소비 성향, 가격 결정 등에서 두드러지게 나타난다. 앵커링 효과의 주요 인지 오류는 초기 정보의 과도한 의존, 판단의 왜곡, 결정의 비합리성, 정보의 선택적 수용, 후회와 손실혐오로 나타난다. 투자자들은 매수나 매도를 진행할 때 대부분 최근 주가를 참고하는 게 보통이다. 일부 조심스런 투자자는 과거 가격 변동을 분석하여 미래 가격을 예측하는 기술적 분석이라는 방법을 사용하기도 한다. 그러나 주가가 과거에 높거나 낮았다고 해서 현재 매수나 매도가 좋은 거래인지 여부를 결정하지는 않는다. 섣부른 투자자는 이런 사실을 종종 무시한다.

주식투자와 같은 불확실성이 높은 상황에서 앵커링 효과는 투자자들의 의사결정 과정에 부정적인 영향을 미칠 수 있다. 일단 비합리적인 가격 기준을 설정하도록 유도한다. 투자자들은 종종 특정 주식의 과거 가격, 기업의 초기 공모가, 또는 특정 애널리스트가 제시한 목표 주가를 앵커로 삼는다. 이러한 기준은 시장의 실제 상황이나 주식의 내재가치와 무관할 수 있음에도 불구하고 투자 결정을 왜곡하기에 충분할 만큼 강력하다. 예를 들어, 한때 10만 원이었던 주식이 현재 8만 원에 거래되고 있다는 이유만으로 저평가되었다고 판단해 급히 매수 결정을 내릴 수 있다. 나도 모르게 내 판단이 이전 가격에 앵커링된 셈이다.

또한 앵커링 효과는 투자자의 손실혐오와 비합리적 보유를 부추길 수 있다. 앵커링 효과는 투자자들이 특정 가격대를 손익분기점으로 고정하게 만들어, 손실혐오 성향을 강화한다. 예를 들어, 5만 원에 매수한 주식이 4만 원으로 하락했을 경우, 5만 원을 기준으로 손익 여부를 판단하여 합리적인 매도 타이밍을 놓칠 수 있다. 이는 주가가 더 하락할 경우 손실을 키우는 결과를 초래한다. 매몰비용을 좀 아끼려다가 호미로 막을 것을 가래로 막게 되는 불상사가 일어날 수 있다. 과거 특정한 형태의 차트를 염두에 두고 투자를 진행하는 경우도 앵커링 효과에 속한다고 볼 수 있다. 이전에 그래프가 독특한 상승곡선을 그렸다고 해서 그게 해당 주가의 법칙이 될 수는 없는 노릇이다.

앵커링 효과가 가진 더 무서운 인지 오류는 투자자로 하여금 시장 변동성을 무시하도록 착시를 안겨준다는 데 있다. 투자자들이 특정 가격이나 과거 데이터를 앵커로 삼으면, 시장의 변동성과 현재의 거시경제 지표를 충분히 반영하지 못하는 반쪽짜리 의사결정을 내릴 가능성이 높아지기 때문이다. 예를 들어, 시장 환경이 변화하여 기업의 펀더멘털이 악화되었음에도 과거의 높은 주가를 기준으로 매수하거나 보유 결정을 내리는 경우가 있다. 이처럼 앵커링 효과는 투자자가 실시간 변하는 정보를 올바르게 해석하지 못하게 만든다. 기존의 앵커를 유지하기 위해 새로운 정보를 무시하거나, 오히려 앵커를 지지하는 정보만 선택적으로 수용하는 경향이 생길 수 있다. 이는 잘못된 투자 결정을 더욱 고착화한다.

이처럼 앵커링 효과는 단기적인 투자 의사결정을 왜곡할 뿐만 아니라 장기적인 투자 성과에도 부정적인 영향을 미칠 수 있다. 따라서 투자자들은 자신의 판단이 특정 앵커에 지나치게 의존하고 있지 않은지 항상 점검해야 하며, 이를 극복하기 위한 훈련과 체계적인 투자 전략을 지속적으로 강화해야 한다. 물론 문제점을 스스로 파악하는 게 말처럼 그리 쉬운 일은 아니다. 항상 극기복례의 자세가 필요한 이유가 여기에 있다. ❖

집단이 가지는 위력: 동조현상

우리는 근대 계몽주의를 거치며 독립적인 사고를 지향하는 교육을 받아왔다. 임마누엘 칸트는 계몽주의가 무엇인가를 두고 '감히 생각하라Sapere aude.'고 주문한 것으로 유명하다. 칸트 이후 우리는 스스로 생각하고 사유하는 인간을 계몽주의가 말하는 이성적 주체로 특정했다. 그래서 주변의 강요나 분위기에 휩쓸리지 않고 이성을 활용하여 주도적이고 자발적인 판단을 수행하는 것이 이상적인 시민의 미덕이자 학교에서 교육의 결과로 얻게 되는 호모 사피엔스의 전범典範으로 수용되었다.

그러나 모두가 '예'라고 할 때 혼자 '아니오'라고 말하는 게 그렇게 쉬운 일은 아니다. 역사적으로 6백만 명의 유대인이 죽임을 당했던 인류의 비극 홀로코스트는 이성을 활용하여 합리적인 의사결정이 가능하고 집단에 휘둘리지 않는 독립적인 사고가 용이한 '근대인 modern man'이 상상 속에서나 존재하는 허구적 존재임을 확인시켜 주었다. 제3제국 시절, 독일 시민들은 나치의 정책을 맹목적으로 지지하거나 집단 압력에 의해 자행된 저주의 무곡舞曲에 침묵하고 동조했다. 아우슈비츠로 유대인을 날랐던 하급 장교들 역시 나치의 잔혹행위에 대한 윤리적 책임을 회피하고, "나는 명령을 따랐을 뿐."이라며 자기 행동을 정당화했다. 이렇게 전체주의는 이성이라는 근대성의 인간성을 산산조각 냈다.

이는 실험으로 입증되었다. 미국 펜실베이니아대학 심리학 교수였던 솔로몬 애쉬Solomon Asch의 동조 실험이 그것이다. 애쉬는 1950년대 사람들의 동조 행동을 연구하기 위해 일련의 심리학 실험을 진행했다. 그의 연구는 개인이 집단의 압력에 어떻게 반응하는지를 이해하는 데 중점을 두었으며, 동조현상이 사회적 상황에서 의사결정에 미치는 영향을 밝혀냈다. 그의 연구 결과는 전체가 부분의 합보다 클 뿐만 아니라 전체의 본질이 부분을 근본적으로 변화시킨다는 게슈탈트 심리학의 공통 주제를 따랐다. 실험 과정은 간단했다. 같은 공간에 있는 7~9명의 피실험자에게 카드에 그려진 세 개의 선(A, B, C) 중에서 기준선(X)과 길이가 같은 선을 고르라는 간단한 과제가 주어졌다. 여기서 단 한 명만이 실제 실험 참가자고 나머지는 실험자의 지시에 따라 행동하는 조력자(배우)였다.

결과는 뜻밖이었다. 정답은 명확하고 누구나 쉽게 알 수 있는 수준이었음에도 불구하고 피실험자는 자신의 판단을 믿지 못하고 조력자들이 의도적으로 고른 틀린 답을 선택했다. 실제 실험 참가자의 약 75%가 적어도 한 번 이상 집단 내 조력자들이 고른 잘못된 답변을 따라갔으며, 약 37%는 아예 대놓고 집단의 틀린 답을 따라갔다. 개중에 독립적으로 올바른 답을 말한 이들은 고작 25%에 불과했다. 애쉬의 실험은 사람들이 집단 압력group pressure에 의해 자신의 명백한 판단을 수정하고 다수의 의견에 동조할 가능성이 크다는 것을 보여 주었다. 특히 이는 집단의 동의가 옳다는 신뢰감, 배척당하지 않으려는 사회적 욕구, 또는 갈등을 회피하려는 심리적 경향에서 비롯되었다.

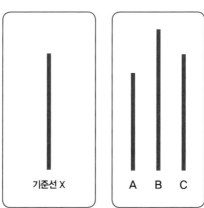

문제는 이런 동조현상이 투자에도 영향을 미친다는 점이다. 어쩌면 단순히 같은 길이의 선을 고르는 과제보다 더 심각한 결과를 투자 환경에서 초래할 수 있다. 이는 개인 투자자가 다수의 의견이나 행동을 맹목적으로 따라함으로써 비합리적인 의사결정을 내리기 때문이다. 투자자들이 대중의 행동을 따라 투자 결정을 내릴 경우, 과도한 변동성을 보이는 시장에서 뜻하지 않게 큰 손실을 경험할 수 있다. 예를 들어, 버블 형성이나 급격한 폭락은 동조현상으로 인해 심화될 수 있다. 2000년대 초반 실리콘밸리에서 기인한 닷컴 버블이나 2008년 미국발 금융위기 당시에도 군중심리가 전 세계 투자자들의 비합리적인 투자 행태를 초래했다.

또한 동조현상은 정보 왜곡과 비효율적 시장을 지속적으로 견인할 수 있다. 투자자들이 자신만의 분석 대신 다수의 의견을 맹목적으로 따르다 보면, 잘못된 정보나 소문에 기반한 결정을 내릴 가능성이 커지기 때문이다. 이러한 행동은 시장의 효율성을 저하해 자산 가격이 실제 가치에서 벗어나도록 만든다. 또한 군중심리에 휩쓸리게 되면 적절한 시기에 해야 할 리스크 관리에 실패할 수 있다. 동조현상은 투자자들이 시장의 리스크를 과소평가하거나 아니면 도리어 과대평가하게 만든다. 예를 들어, 상승장이 계속되면 다수의 투자자가 낙관적으로 전망하며 과감하게 투자하는 반면, 하락장에서는 비이성적인 공포로 인해 지나치게 보수적인 태도를 취할 수 있다.

그뿐만 아니다. 동조현상은 투자자들이 특정 자산이나 섹터에 집중하게 만들어 투자 다양성을 없앨 수 있다. 파이프라인은 하나일 때보다 여러 개일 때 더 안전하고, 달걀은 한 바구니보다 여러 바구니에 나눠 담을 때 위기에 훨씬 유연하게 대처할 수 있다. 또한 동조현상은 주식시장 자체를 황폐화할 수 있다. 집단 압력은 투자자들이 가진 포트폴리오의 다양성을 해치고, 시장 전체에 시스템 리스크를 초래할 가능성을 높인다. 다양성이 사라진 정글에 생태 복원력이 현저히 떨어지는 것처럼 다양성이 사라진 투자 포트폴리오는 엄혹한 경제 위기를 건너갈 기초 체력을 갖고 있지 못하다.

그렇다면 어떻게 동조현상에서 벗어날 수 없을까? 안타깝지만 사실상 거의 불가능하다. 진화생물학적 관점에서 동조현상은 개체의 생존율을 높이기 위해 스스로 터득해 온 재능이기 때문이다. 다가오는 위험 요소를 혼자 감당하는 것보다 여럿이 함께 막는 것이 각 개체의 생존에 더 유리했다. 다만 내 결정이 독립적 사고에서 나온 것인지 집단 압력에 의한 군중심리herd mentality에서 나온 것인지 자신의 분석과 전략을 기반으로 결정을 내리는 훈련이 필요하다. 시장의 단기적 흐름에 동조하기보다는 자신의 장기적인 투자 목표를 중심으로 의사결정을 내려야 하며, 단순히 한 가지 정보에 의존하지 않고 다양한 관점을 검토하여 균형 잡힌 판단을 내리려고 노력해야 한다. 동조현상은 사회적 유대감을 형성하는 데 중요한 역할을 하지만, 투

자 환경에서는 이를 경계하고 독립적인 판단 능력을 강화하는 것이
성공적인 투자자의 핵심 역량이다. ❖

권위에 대한 복종:
권위의 편향

오래전 모 제과업체가 내놓은 추잉껌 CF가 생각난다. 자일리톨을 함유하여 충치를 예방하는 껌이라고 선전했던 것 같다. 그런데 CF 말미에 갑자기 흰 가운을 입고 의사가 등장한다. 목에 청진기를 두른 의사는 지금 방금 병원에서 진료를 마치고 나온 것 같이 우리가 당장 동네 치과에 가면 만날 수 있는 모습이다. 한 손에 껌 한 통을 들고 "이제 마음 놓고 씹으세요."라고 말하는 의사의 얼굴은 함박웃음꽃이 피어 있다. 옆에는 '대한치과의사협회 공식 인증'이라는 문구가 뜬다. 왜 광고에 치과의사가 등장한 건지 낯설기만 하다. 어딘지 껌과 치과의사는 전혀 어울리지 않는 조합이기 때문이다. 아니 껌과 치과의사는 서로 길항관계처럼 보인다. 이유는 간단하다. 광고는 신제품이 충치 걱정 없이 씹을 수 있는 껌, 효능을 치과의사도 인정한 껌이라는 메시지가 필요했던 것이다.

이처럼 우리는 주변에서 흔히 권위에 호소하는 인지 오류를 경험한다. 껌 광고가 인지 오류라고 부를 수 있을지는 모르겠지만, 사실 어떤 면에서 껌이 가진 다른 장점보다 먼저 권위를 앞세우는 건 반칙이 아닐까 싶다. 우리는 광고에서 가운을 걸친 치과의사만 봤는데도 100원 남짓한 껌에 대해 무한한 신뢰를 보낸다. 비록 껌은 '껌값'에 불과하지만, 껌이 짊어진 의사의 권위는 그 값을 비교할 수 없을 정도다. 방판 아줌마가 제조사를 알 수 없는 옥매트를 팔면서 미국 FBI의 인증을 받았다라고 말하거나, 국적 불명의 정수기를 소개하면서 미국 NASA에서 쓰는 필터가 내장되었다고 자랑한다면, 이것 역시 권위에 호소하는 입광고라고 분류할 수 있다.

이처럼 마케팅에서 종종 활용되는 인지 오류를 보통 '권위의 편향 authority bias'라고 부른다. 이와 관련한 유명한 실험이 있다. 아마 누구나 한 번쯤은 들어봤을 정도로 악명 높은 실험일 것이다. 이른바 '권위에 의한 복종'이라고 이름 붙여진 실험이니 권위의 오류를 설명하는 데 빠지지 않고 언급될 수밖에 없다. 「서프라이즈」 같은 방송에도 나올 만큼 엽기적이었던 해당 실험은 1961년 예일대학교 심리학과 교수였던 스탠리 밀그램Stanley Milgram이 수행했다. 밀그램은 대학

게시판과 지역 신문에 쉽게 돈을 벌 수 있는 쏠쏠한 알바라며 버젓이 모집 광고를 냈다. '징벌에 의한 학습 효과'라는 이름으로 위장한 실험(알바)에는 20대에서 50대 사이의 남성 40명이 아무 의심 없이 참가자로 모여들었다.

실험 과정은 이랬다. 40명의 피실험자를 현장에서 무작위로 교사와 학생으로 나눈 뒤, 학생은 다짜고짜 전기의자에 묶었고 교사는 학생을 마주보고 의자에 연결된 전기 충격기 앞에 세웠다. 전기 충격기 위에는 단계별로 전압을 올릴 수 있는 수동 다이얼이 큼지막하게 달려 있었다. 이윽고 연구자는 교사더러 전기의자에 묶여 있는 학생에게 전기 충격을 주라고 지시했다. 질문에 잘못된 답을 할 때마다 학생에게 강도를 단계적으로 높이라는 자세한 지침도 함께 내렸다. 처음에는 주저하던 교사가 점점 강도를 높이라는 지시에 저항하지 못하고 따르기 시작했다. 실험실 안은 일거에 비명소리와 울음소리로 아수라장이 되었다.

물론 실제로 전기 충격기 같은 건 없었다. 전기의자부터 취조실 등 모든 게 가짜였고, 교사로 뽑힌 피실험자는 배우인 학생에게 아무런 해를 끼칠 수 없는 세트장 안에 있어야 했다. 전기의자에 앉아 "살려줘!" "그만!"이라며 울부짖던 학생도 맛깔나게 연기하는 배우들에 불과했다. 이를 알 리 없던 피실험자 교사는 양심의 부대낌을 이기고자 귀를 막고 다이얼을 계속 올렸다. 실험의 핵심은 피실험자가 학생(배우)에게 충격을 가하도록 강요하면서 피실험자가 얼마나 계속해서 지시를 따르는지를 측정하는 것이었다. 실험 결과, 많은 참가자가 학생이 고통을 호소하고 심지어 의식을 잃고 쓰러지는 상황을 목도하는데도 실험자의 명령과 권위에 복종하여 지시를 따랐다.

이 실험은 왜 독일 국민 대다수가 히틀러가 명령한 비인간적인 유대인 말살 정책을 고분고분 따랐는지, 계몽주의를 거치며 인류가 직조한 합리적 이성이 전체주의의 권위 앞에서 속절없이 무력화되는 과정을 지켜보았던 서구의 지식인이 갖는 근본적인 물음에 대한 해답을 제공해 주었다. 얼마 전까지만 해도 같은 동료이자 같은 시민이었던 이웃이 자신의 눈앞에서 까무러칠 듯 고통스러워하는데 그들은 왜 실험자의 명령을 계속 따랐을까? 65%의 참가자가 무고한 동료에게 최대 전압인 450볼트까지 전기 충격을 주도록 명령한 잔인무도한 권위에 왜 그렇게 쉽게 굴복했을까? 이유는 저항할 수 없는 '권위' 앞에 인간이 갖는 인지 오류 때문이다.

이처럼 권위의 편향은 특정 영역의 권위자나 전문가의 지시를 무조건 따르려는 경향이 사람들에게 내재해 있다는 사실을 보여준다. 이 인지 오류는 사람들에게 권위자가 잘못된 명령을 내리더라도 그 명령을 따르도록 만들 수 있다. 아우슈비츠 수용소의 악명 높은 장교 아이히만의 전범 재판을 지켜보았던 한나 아렌트는 자신의 책 『예루살렘의 아이히만』에서 이런 권위에 굴복했던 그에게서 '악의 평범성'을 보았다. 누구나 진영이 바뀌고 상황만 바뀌면 그와 똑같은 짓을 할 것이라는 말이다. 스탠리 밀그램의 실험은 권위에 대한 인간의 복종이 얼마나 강력한지를 보여 주었으며, 인간이 때로는 자신의 합리적 의사결정이나 윤리적 기준을 희생하고서라도 권위의 명령에 따라 행동할 수 있음을 보여 주었다.

논리학에서도 '권위의 호소appeal to authority'라는 논리 오류가 있다. 권위 있는 인물을 인용해서 자신의 허접하고 부정확한 주장을 뒷받침한다는 것이다. 물리학을 설명하면서 아인슈타인을 언급하고, 천문학을 설명하면서 스티븐 호킹을 언급하는 식이다. 이는 투자에서도 그대로 나타난다. 주식시장에는 자칭 투자 고수들 중에 유명 경제 전문가나 대기업의 총수나 CEO의 말을 무비판적으로 옮기는 이들이 적지 않다. 실질적으로 그들은 투자자라기보다 유튜브 콘텐츠를 공급하는 엔터테이너에 가깝다. 그럼에도 그가 언급한 인물들의 권위에 껌벅 죽어서 그들의 주가 전망이나 투자 전략을 맹목적으로 추종한다.

더 큰 문제는 주식투자계의 소위 '네임드named'들의 발언이다. 일개 개미가 워런 버핏이나 조지 소로스 같은 유명 투자가들이 추천하는 주식을 저항하기란 만만치 않다. 이름만 대면 누구라도 알만한 이러한 권위자들의 성공적인 과거 투자 사례에 자극 받아 그들의 투자 포트폴리오가 미래에도 동일한 성과를 낼 것이라고 믿는 경향이 있다. 그러나 우리는 알고 있다. 주식시장은 끊임없이 변화하며, 과거의 성공이 미래의 성공을 보장하지 않는다는 것을. 과거에 잘 나갔다고 해서 그 투자자가, 그리고 그 주식이 미래에도 동일한 성과를 낼 것이라고 확신할 수 없다.

역사적으로 이런 사례는 얼마든지 있다. 1990년대 후반, 많은 유명 투자자가 인터넷 기술 회사들의 주식에 대해 긍정적인 리포트를 쓰고 투자를 촉구하는 조언을 냈다. 이때 일부 투자자들은 그들의 말만 무조건 믿고, 해당 주식을 사재기했다. 하지만 결국 닷컴 버블 dot-com bubble이 쓰나미처럼 몰아닥쳤고 권위를 무비판적으로 추종했던 투자자들은 순식간에 주식시장에서 종적을 감췄다. 2021년, 게임스탑 사건도 권위의 편향이 작용한 재앙이었다. 당시 게임스탑 주식은 레딧과 같은 온라인 커뮤니티에서 개인 투자자들이 대규모로 매수하면서 급등했다. 이들은 월스트리스에 본사를 꾸린 대형 헤지펀드와 기관투자자들의 의견을 무시하고, 온라인 거물들의 의견을 추종했다. 결국 시장의 비이성적인 과열로 게임스탑은 자멸했다.

명심하자. 권위의 편향은 주식투자에서 중요한 인지 오류가 될 수 있다. 이름 보고 투자하는 우를 범해선 안 된다. 돈이 모인 곳에 욕망도 모여든다. 뭉쳐진 욕망 덩어리 위에는 뭔가 뜯어 먹을 게 없을까 온갖 날파리들이 바글바글 꼬인다. 오늘날 날파리들은 유튜브에 기생한다. 날파리들은 권위 있는 인물이나 전문가, 미국 언론의 기사, 특정 자문사의 보고서의 일부를 자극적으로 편집하고 이를 10분짜리 콘텐츠로 제작해내는 데 탁월한 재능을 갖고 있다. 그들은 콘텐츠를 만드는 이들이다. 필자가 일단 유튜브를 거르는 이유가 여기에 있다. 주식투자에서는 항상 다양한 정보와 데이터를 바탕으로 스스로 분석하고 판단하는 능력을 갖추는 게 중요하며, 권위자들의 의견이 항상 정답이 아님을 인식해야 한다. ❖

믿음의 위험: 확증편향

　사회학자 레온 페스팅거Leon Festinger의 저서 『예언이 실패할 때』는 '인지부조화'라는 개념을 가지고 여러 종교적 광신주의를 연구한 책이다. 이 책은 특정 사교 집단이 예언 실패 이후 자신들의 신념과 현실 간의 충돌에도 불구하고, 어떻게 자신의 신념을 강화하며 유지하는지를 사회학적으로 탐구했다. 페스팅거는 그들이 광적으로 믿었던 종말이 아무 일 없이 지나가고 집단의 핵심 교리가 틀렸음이 만천하에 드러났음에도 신도 다수가 종교 집단을 떠나지 않고 도리어 그들의 신념을 더욱 강화하는 것에 근본적인 의문을 품었다. 이처럼 사람이 오랫동안 유지해온 자신의 신념이나 태도, 행동 사이에 불일치나 모순이 발생할 때 경험하는 심리적 불편함을 '인지부조화 cognitive dissonance'라고 명명했다. 페스팅거에 의하면, 사람들은 이러한 인지적 불편함을 줄이기 위해 자신의 신념에 일치하는 설명을 찾아내려고 발버둥 친다.

이러한 인지부조화를 강화하는 기제로 확증편향confirmation bias이 있다. 확증편향은 자신의 신념이나 결론을 지지하는 편리한 정보를 찾으려는 자연스러운 인간의 경향을 말한다. 자신의 신념에 들어맞는 정보에는 인지적 예민함을 활용하여 수집에 열을 올리지만, 맞지 않는 정보는 일부러 피하거나 아예 인지적 에너지를 꺼버리는 것이다. 이러한 편향은 주식투자에서도 빈번히 일어난다. 예를 들어, 특정 주식에 대해 긍정적인 전망을 갖고 있다면, 그 긍정적인 편향을 강화하는 의견이나 기사만 찾고, 해당 주식이 하락세에 있을 수 있다는 정보를 가볍게 무시한다. 평소 본인이 즐겨 시청하는 동영상의 논조가 고스란히 자신의 투자 방향을 결정하는 이유가 여기에 있다. 일단 확증편향이 만들어지면 유튜브 알고리즘을 따라 그와 관련된 정보만 무비판적으로 습득하게 된다.

당연히 이러한 확증편향은 투자에서 매우 위험한 결과를 초래할 수 있다. 비유하자면, 한쪽 눈을 가리고 진흙길을 걷는 것과 같기 때문이다. 모든 일에는 긍정적인 측면과 부정적인 측면이 공존한다. 동전이 앞면과 뒷면이 함께 붙어 있듯이 현재 경제 상황이 아무리 악재로 가득하다 해도 늘 나쁜 일만 일어나는 건 아닌 것과 같은 이치다. 책임감 있는 투자 고수라면 의도적으로 '새옹지마'의 교훈을 가슴에 새기고 모든 일에 일희일비해선 안 된다. 특정 자산에 투자할 때는 긍정적인 시각과 부정적인 시각 모두를 진지하게 고려하는 것이 매우 중요하다. 다양한 관점을 수용하고, 객관적인 정보를 바탕으로 결정을 내리는 것이 성공적인 투자에 기여할 수 있기 때문이다.

1960년대, 피터 와슨Peter Wason은 확증편향을 연구하기 위해 유명한 실험을 설계했다. 참가자들은 다음과 같이 수열에 관한 간단한 규칙을 제시받았다. 참가자들은 숫자가 적힌 카드 4장을 안 보이도록 뒤집힌 채 제공받았는데, 짝수인 경우에만 2의 배수라는 규칙을 확인해야 했다. 카드에는 2, 4, 6, 7이 적혀 있었다. 참가자들은 이 규칙이 맞는지 확인하기 위해 어떤 카드를 뒤집어야 하는지를 결정해야 했다. 이 과정에서 대부분의 참가자는 자신의 가설을 확인하려고 필요한 카드만 선택하고, 반증할 수 있는 카드는 무시하는 경향을 보였다. 이 실험은 인간의 인지적 한계를 드러내며, 사람들이 복잡한 정보를 처리하는 대신 자신이 이미 알고 있는 정보에 손쉽게 의존하려는 경향이 있음을 보여 주었다.

이 인지 오류는 개인이 자신의 기존 신념이나 가설을 지지하는 정보만을 선택적으로 수집하고 해석하는 경향을 말한다. 확증편향은 세부적으로 선택적 지각과 자기합리화, 후광효과로 나뉘는데, 이들

선택적 지각 selective perception	긍정적인 효과에 대한 정보만을 주의 깊게 받아들이고, 그렇지 않은 부정적인 정보는 무시하려는 인지적 경향
자기합리화 self–justification	자신의 선택을 정당화하기 위해 선택에 반하는 정보는 무시함으로써 자신의 결정을 정당화하려는 심리적 경향
후광효과 halo effect	자신의 결정이 모든 면에서 긍정적일 것이라는 잘못된 믿음을 가지고 자신의 결정을 수용하려는 심리적 경향

의 공통점은 자신의 확증을 강화하는 정보만 선택적으로 취합하고 합리화한다는 것이다. 이러한 심리적, 인지적 오류들은 투자 결정을 내리는 데 있어 객관적인 판단을 방해하고, 결국 주식시장에서 손실로 이어지는 결과를 초래할 수 있다. 확증편향과 관련된 이러한 오류는 개인의 의사결정 과정에서도 매우 흔하게 발생하며, 평소 이를 인식하고 극복하는 것이 무엇보다 중요하다.

요즘같이 정보가 넘치는 인터넷 세상에서 확증편향은 더 강화될 위험성이 있다. 정보가 다양해지면 관점에 균형감이 생겨야 할 것 같지만 역설적으로 오히려 시각이 편협해지는 현상이 나타난다. 2019년 케임브리지대학 경제학과에서 시행한 연구는 피실험자들이 정보의 양과 처리 부담이 늘어나는 상황에서 자신의 신념과 일치하지 않는 정보를 무시하는 경향을 실험으로 입증했다. 캘리포니아공

대 연구팀이 2013년 발표한 논문에 따르면, 타인의 생각을 잘 인지하는 사람들은 군중심리의 영향에 취약해, 자산 가격에 버블이 형성되는 상황에서도 시장을 낙관적으로 보고 자산 가격을 과대평가하는 경향이 있으며, 결국 비합리적인 투자 결정으로 손실을 볼 가능성이 높다고 한다.

이처럼 확증편향이 투자 심리에 미치는 영향을 극복하기 위해서는 무엇보다 다양한 정보 출처를 활용해야 한다. 이는 긍정적인 정보뿐만 아니라 부정적인 정보도 포함한다. 뉴스 기사나 연구 보고서, 논문, 전문가 의견 등 다양한 자료를 참고하되 유튜브 알고리즘을 신뢰하지 말고 투자 관련 영상을 다양한 채널에서 시청하는 것을 추천한다. 자신의 투자 결정에 영향을 미칠 수 있는 다양한 관점을 고려하려면, 일부러 반대 의견과 정보를 수용하는 인지적 노력이 필요하다. 이를 데블스 애드버킷devil's advocate이라 한다. 이는 '악마의 변호인'이라는 뜻으로 의론이나 아젠다, 제안의 타당성을 시험하기 위해 일부러 반대 의견을 말하는 것을 말한다.

확증편향만큼 무서운 인지 오류 중에 반증편향disconfirmation bias도 있다. 확증편향이 내가 믿는 바를 입증하는 데 인지적 에너지를 소비하는 편향이라면, 반증편향은 내가 틀리다고 믿는 바를 반증하는 데 몰두하는 편향이다. 둘은 어쨌든 기존의 믿음을 지키기 위한 인지 메커니즘인 셈이다. 사람들은 자신이 믿고 있는 것과 반대되는 정보를 마주할 때마다 그 정보를 무시하거나 신뢰하지 않으려는 경향이 있다. 때로는 상반되는 증거를 왜곡하여, 자신에게 유리한 방향으로 해석하려는 경향이 있다. 우린 반증편향을 TV 정치 토론쇼에서 흔히 접할 수 있다. 정치적 의제는 자신의 믿음을 고수하며 상대의 믿음을 무너뜨리는 데 전력을 다하는 특성을 갖고 있다. 반증편향은 믿음을 지지하는 정보만을 찾고, 그에 반하는 정보는 가볍게 무시하거나 과소평가하도록 이끈다.

우리가 지금부터 실천할 수 있는 것은 앞서도 한 번 언급했지만 투자일지를 작성하는 것이다. 자신의 투자 결정을 기록하고, 그 결정의 근거와 결과를 분석하는 것은 확증편향을 줄이는 데 도움이 된다는 연구 결과가 있다. 투자일지를 작성하여 각 투자 결정의 이유와 기대 결과, 실제 결과를 기록한다. 정기적으로 이 일지를 검토하여 자신의 판단이 어떻게 변했는지, 어떤 오류가 있었는지를 한 달 단위로 분석한다. 최근에는 투자일지를 간단하게 정리할 수 있는 모바일앱도 등장했다. 그밖에 감정이나 직관에 의존하기보다는 정량적 데이터와 분석 도구를 활용하기 위해 노력하는 것, 그리고 재무 상담사 같이 독립적인 의견을 제시해 줄 수 있는 전문가의 조언을 받는 것도 필요하다. ❖

나만 안 한다는 불안감: 포모증후군

3년 전 코로나-19가 우리의 일상을 송두리째 삼켜버리고 있을 때 국내에서는 전에 없던 기이한 현상이 일어났다. 바로 주식투자 열풍이 그것이었다. 과거 어느 정도 돈을 굴릴 수 있는 경제력을 갖고 있는 부류, 그것도 소수 연령대에서나 발견할 수 있었던 주식투자가 최근 몇 년 동안 전 국민의 경제활동이자 취미생활로 자리 잡았다. 팬데믹 초기에 증시가 급락하면서 평소 주식에 무관심하던 이들까지 대거 주식시장에 뛰어들었고, 금이나 부동산 등 갈 곳이 없던 투자금이 대거 주식투자로 몰리면서 주식시장에 전에 없던 호황기가 왔다. 동학개미 운동이라는 신조어가 만들어질 정도로 남녀노소 가리지 않고 주식투자에 입문했고, 그 중심에는 2030세대가 있었다.

한국예탁결제원이 내놓은 통계에 따르면, 2020년 말 개인 투자자의 주식 보유액은 총 662조 원으로 전년도 말 419조 원에서 무려 243조 원이나 증가했다. 전체 시가총액에서 차지하는 개인 투자자의 비중도 전년에 비해 3.6%포인트 증가한 28%를 기록했다. 그 기간 동안 새로 주식투자를 시작한 개인은 약 300만 명으로 전체 개인 투자자 914만 명의 32.8%에 달했다. 정말 폭발적인 증가세라고 해도 과언이 아니다. 특히 이 시기 주식투자를 처음 시작한 300만 명 중 53.5%인 160만 명이 30대 이하의 젊은 층이었다. 이렇게 너나 할 것 없이 마치 모두가 서로 짠 것처럼 최근 주식투자에 뛰어든 이유는 과연 무엇일까?

여러 이유가 있겠지만, 필자는 포모증후군FOMO syndrome도 한몫했다고 본다. 포모증후군은 'Fear of Missing Out'의 약자로 남들은 다 아는데 자신만 어떤 중요한 경험이나 정보를 놓치고 있다는 두려움과 소외감, 고립 공포감을 느끼는 심리적 상태를 말한다. 말 그대로 '혼자 놓쳤다는 두려움'을 느끼는 것이다. 이는 특히 페이스북이나 인스타그램 등 소셜미디어의 발달로 인해 더욱 두드러지게 나타나고 있다. 다른 사람들이 즐기고 있는 활동이나 경험을 보면서 자신만 그 자리에 없다는 사실에 불안감을 느끼는 현상이다.

포모증후군의 주요 증상으로는 불안감과 낭패감이다. 미국의 소설가 마크 트웨인의 『톰 소여의 모험』에는 포모증후군의 적절한 에피소드가 등장한다. 하는 일마다 농땡이를 부리던 톰은 폴리 이모의 명령으로 화창한 주말 대낮에 폭 3미터에 길이 30미터나 되는 집 앞마당 담장에 페인트칠을 한다. 벌칙은 누구에게나 괴로운 일이다. 톰은 사과를 베어 먹으며 이쪽으로 다가오는 친구 벤을 보고 기막힌 꾀를 낸다. 톰은 페인트로 펜스를 칠하는 일이 아주 재미있는 놀이인 것처럼 벤에게 시범을 보여준다. 낚싯대를 메고 근처 강둑으로 고기잡이를 가는 것보다, 동네 시냇가에서 애들하고 멱을 감으러 놀러가는 것보다 벤의 눈에는 펜스 칠하기가 더 재미있어 보였다. 자기만 이 재미있는 놀이에서 제외되었다고 느낀 벤은 안달이 나서 사과를 건네며 자기도 한 번만 칠하게 해달라고 애걸한다.

포모증후군은 최근 SNS의 발달로 온라인을 타고 전파되는 경향이 짙다. 이는 다양한 연구로 입증되었다. 2018년에 시행된 한 연구에서, 소셜미디어 사용 시간을 제한한 그룹과 일반적인 사용을 계속한 그룹을 비교한 연구 결과를 내놓았다. 결과는 우리가 예상한 대로다. 결과적으로 소셜미디어 사용을 제한한 그룹이 더 적은 외로움과 우울감을 경험했으며, 이는 포모증후군의 경감과 관련이 있다는 결과를 보여 주었다. 2016년에 시행된 다른 연구에서도 비슷한 연구 결과를 얻었다. 사람들은 소셜미디어를 사용하면서 다른 사람들의 삶을 엿보고 이를 자신의 삶과 비교하면서 포모증후군을 경험했다. 남들은 해외여행도 다니고 카페다 맛집이다 탐방도 다니는데, 자신은 방구석에만 틀어박혀 라면이나 끓여 먹으며 휴대폰을 들여다보고 있다는 자괴감에 빠지는 것이다. 이 연구는 소셜미디어를 통해 다른 사람과의 사회적 비교가 개인의 정신 건강에 부정적인 영향을 미친다고 강조한다.

다른 사람들이 자신보다 더 나은 경험을 하고 있다는 생각은 구경꾼들에게 막연한 불안감을 준다. 구경꾼의 미덕은 구경으로 그치지 않는다. 어느새 참여자가 되고 싶은 마음이 굴뚝같다. 낭패감과 불안감이 엄습한다. 그러면 대번 우울감이 찾아온다. 포모증후군은 일명 '밴드왜건 효과bandwagon effect'로 알려진 군중심리 편향herd mentality bias과 유사하다. 동네 공터에서 북 치고 장구 치고 구경꾼들을 모으는 이들은 이른바 '밴드왜건'에 올라타서 선전과 선동을 보여준다. 선거철마다 등장하는 거리의 유세차량을 떠올리면 아마 쉽게 이해할 수 있을 것이다. 이 군중심리 편향에 영향 받는 투자자는 다른 투자자들이 어떤 종목을 보유하고 있고 어떤 금융상품을 매수하는지 촉각을 곤두세운다. 자기만 안 사면 왠지 불안해지기 때문이다.

포모증후군은 처음부터 투자와 관련된 맥락에서 사용된 개념은 아니다. 이 현상은 1996년 마케팅 전략가인 댄 허먼Dan Herman이 처음 주목했다. 용어는 2000년대 초반 처음 등장했는데, 특히 소셜미디어와 모바일 기술의 발전으로 사람들이 너나 할 것 없이 실시간으로 친구들의 활동을 공유하면서 주목받기 시작했다. 그러다 2013년 뇌신경학자 다니엘 시겔Daniel Siegel에 의해 대중화되었다. 그는 포모증후군을 현대 사회에서의 두드러진 심리적 현상으로 설명하며, 사람들이 소셜미디어를 통해 강박적으로 자신의 삶을 타인의 삶을 비교하고, 항상 자신이 놓치고 있는 것에 대한 불안감을 느끼게 된다고 주장했다. 사실 페이스북이나 인스타그램, 트위터와 같은 소셜미디어 플랫폼의 출현은 포모증후군을 더욱 부추긴 게 사실이다.

포모증후군은 어김없이 투자 환경에서도 흔히 발견된다. 기업이 상장할 때, 특히 기술주나 핀테크 기업의 경우, 많은 투자자들이 기회에서 제외될까 두려워 대량으로 주식을 구매하는 경향이 있다. 비트코인과 같은 암호화폐가 급등할 때, 이때를 놓치면 안 된다는 강박관념으로 무리해서 투자를 강행하기도 한다. 한 직장인은 언론과의 인터뷰에서 "고점을 갱신하며 고공행진 중인 비트코인 차트를 보며 이러다 나만 빼고 다 부자되는 건 아닌가 싶었다."며 마이너스통장에서 3천만 원을 꺼내 매수를 진행했다고 밝혔다. 최근의 사례들은 이러한 심리가 어떻게 투자 전략에 부정적인 영향을 미치는지 잘 보여준다. 2020년대 이후 부동산은 그러한 대표적인 사례다. 갑자기 서울 시내 아파트값이 오르면서 가만히 앉아 있어도 '벼락거지'가 되었던 2030세대들이 무리하게 영끌해서 집장만에 나선 것이다.

"이번에 막차를 타지 않으면 영영 내 이름으로 된 집 한 채를 장만할 수 없을 거라는 불안감 때문에 살 수밖에 없었어요."

　포모증후군에서 어떻게 벗어날 수 있을까? 무엇보다 단기적인 시장 변동에 휘둘리지 않기 위해 장기적인 투자 관점을 유지하는 것이 중요하다. 포모증후군은 주로 단기적인 수익을 추구할 때 발생하기 때문이다. 예를 들어, 매월 정기적으로 내 계좌에서 일정 금액을 투자하는 방식인 달러 코스트 애버리징dollar-cost averaging 방식을 활용할 수도 있다. 이와 함께 투자에 대한 전문적인 조언을 받는 것도 도움이 된다. 금융 전문가나 애널리스트와 상담하여 자신의 투자 전략을 점검하고, 투자 포트폴리오를 리밸런싱할 수 있다. 매 분기 또는 매년 포트폴리오를 검토하고, 목표와 일치하는지 확인한다. 필요에 따라 자산 배분을 조정하고, 비효율적인 자산은 매도한다. ❖

잃지 않으려는 결심: 손실혐오

우리는 흔히 이익보다 손실에 더 민감하다. 영국 속담에 '숲의 새 두 마리보다 내 손에 든 새 한 마리가 더 소중하다A bird in the hand is worth two in the bush.'는 말이 있다. 당연히 새 두 마리가 한 마리보다 가치가 있는 건 분명하지만, 잠재적 이익보다 눈앞에 보이는 손실을 피하겠다는 심리가 여과 없이 드러난 속담이라고 할 수 있다. 이런 심리는 TV 퀴즈쇼에도 흔히 등장한다. 문제를 맞혀서 단계를 올릴수록 더 많은 상금이 주어지지만, 난이도 역시 오르기 때문에 자칫 정답을 맞히지 못하면 지금까지 얻었던 상금을 전부 잃을 위험이 있다. 이럴 경우, 많은 도전자가 어느 정도 상금이 쌓이면 최후 퀴즈

왕까지 도전하기보다 안전하게 중간단계에서 포기하고 남은 상금을 챙기는 현명한(?) 선택을 한다. 이익보다 손실에 더 민감하기 때문이다. 애초에 내 손아귀에 쥐어지지 않았다면 모를까, 이미 내가 움켜쥔 상금을 아무렇지 않게 빼앗길 사람은 없다.

왜 우리는 본능적으로 손실을 두려워하는 걸까? 진화심리학에서는 이런 심리를 오랜 선사인류의 진화 과정에서 만들어진 자연스러운 본능이라고 설명한다. 선사인류는 일찌감치 혹독한 추위와 사나운 맹수들을 피해 동굴에 숨어들었고 생존을 위해 주로 밤에 활동하도록 진화해 왔다는 것이다. 그래서 위험을 피하고 안전을 추구하는 경향이 몸에 깊이 체화되었다. 이렇게 하루의 생존을 고민해야 할 때는 당분간 먹이를 얻지 못해도 상관없지만, 이미 가지고 있던 먹이를 놓치거나 빼앗긴다면 당장 며칠을 굶어야 하기 때문에 목숨을 연명할 수 없게 된다. 이처럼 인간은 생명이나 자원에 직접적인 위협을 줄 수 있는 상황을 피하려는 심리가 유전자에 각인된 채 진화한 것이다.

그렇다면 이런 손실혐오loss aversion가 투자 행위에는 어떤 영향을 미치게 될까? 행동경제학의 창시자로 꼽히는 대니얼 카너먼과 아모스 트버스키는 이와 관련하여 흥미로운 실험을 하나 진행했다. 이들은 1979년에 전망이론prospect theory을 발표했는데, 이는 손실혐오 현상을 설명하기 위한 이론적 체계였다. 이 이론은 사람들이 위험을 감수하는 방식과 그들이 이득과 손실을 인식하는 방식을 설명하는데 귀중한 통찰력을 제공했다. 실험은 이랬다. 카너먼과 트버스키는 실험 참가자들에게 두 가지 선택지를 제시했다. 선택 A: 50% 확률로 100달러를 얻고, 50% 확률로 아무것도 얻지 못한다. 선택 B: 100달러를 확실히 얻는다. 여러분이라면 무엇을 선택하겠는가?

두말할 것도 없이 대다수의 사람은 선택 B를 골랐다. 즉, 불확실한 결과보다는 확실한 100달러를 선호하는 경향을 보인 것이다. 이는 누구도 부인할 수 없는 지극히 합리적이고 당연한 선택일 것이다. 그런데 흥미로운 것은 다음으로 동일한 참가자들에게 동일한 방식으로 실험을 진행할 때 선택지를 손실의 측면에서 이렇게 살짝 바꾸자 결과가 달라졌다는 사실이다. 선택 A: 50% 확률로 100달러를 잃고, 50% 확률로 아무것도 잃지 않는다. 선택 B: 100달러를 확실히 잃는다. 아까는 '이익'의 관점에서 선택하도록 했다면, 이번에는 '손실'의 관점에서 선택해야 했다. 선택지가 바뀌자 이번에는 많은 이들이 B 대신 A를 선택했다. 즉 잠재적 이익보다 확실한 손실을 피하려는 경향이 있다는 사실이다.

전망이론에서 카너먼과 트버스키는 사람들이 손실과 이득을 어떻게 비교하고 선택하는지에 대해 구체적인 모델을 제시했다. 이 이론에 따르면, 사람들이 손실과 이득을 평가하는 방식은 비대칭적이다. 사람들은 손실을 이득보다 더 강하게 느끼고, 손실의 고통은 같은 크기의 이득을 얻었을 때의 즐거움보다 두 배 강하게 느꼈다. 즉, 100달러를 잃는 것과 100달러를 얻는 것 사이에는 감정적으로 큰 차이가 있었다. 이득 상황에서는 사람들은 위험 회피적인 반응을 보였다. 확실한 이득을 선호하며, 높은 리스크를 감수하는 것보다는 적당한 이득을 선택했다. 반면 손실 상황에서는 위험 선호적인 반응을 보였다. 즉, 100달러를 확실히 잃는 것보다는 50% 확률로 100달러를 잃을 수 있는 선택을 선호했다.

손실혐오는 투자 상황에도 그대로 적용될 수 있다. 예를 들어, 투자자가 손실을 보고 있는 주식을 팔지 않고 그대로 보유하려는 경향이 있다면, 이는 손실혐오에서 비롯된 것이다. 많은 투자자가 손절하는 대신 손실을 계속 감수하면서 '존버'하는 것은 손실을 회피하려는 본능에 충실한 자세를 보여주는 셈이다. 이처럼 행동경제학에서는 사람들이 투자 결정을 내릴 때 합리적이지 않은 방식으로 행동한다고 설명한다. 이들은 이익을 추구하는 것보다 손실을 피하려는 행동을 우선시하기 때문에 비합리적인 선택에 집착할 수 있다.

동시에 손실을 피하기 위해 과도하게 안전을 추구하는 경향이 있다. 혹자는 "돌다리도 두들기며 건너겠다는데 투자자가 조심성을 갖는 게 뭐가 나쁘냐?"라고 되묻는다. 물론 리스크를 피하는 자세는 나쁜 게 아니다. 그렇지만 지나치게 보수적인 선택을 하거나 이익을 희생해서라도 원금을 지키는 데 몰두하다 보면 그건 투자가 아니라 저축과 비슷한 결과를 내고 말 것이다. 일찍이 벤저민 프랭클린은 "한 푼을 쓰지 않으면 한 푼은 번 셈이다A penny saved is a penny earned." 라는 공전의 명언을 남겼다. 사실 이 말은 틀린 말이다. 한 푼을 쓰지 않았다면 아무것도 벌지 못한다. 그저 아무것도 안 한 것이다. ❖

Chapter 5
경계해야 할 인지 오류(2)

"절반의 진실half-truth이 거짓말보다 더 위험하다."

― 토머스 아퀴나스 ―

미국 애리조나 주립대학교의 심리학과 교수인 로버트 치알디니 Robert Cialdini는 자신이 쓴 베스트셀러 『설득의 심리학』에서 이런 명언 을 남겼다. "우리는 다른 사람의 행동을 보고 그들이 무엇을 하고 있 는지에 따라 자신의 행동을 결정하는 경향이 있다. 사람들은 자신이 옳다고 느끼기 위해 다른 사람들이 옳다고 믿는 일을 한다." 우리는 내가 옳다는 사실을 어떻게 증명할까? 내가 옳다고 믿는 것으론 부 족하다. 내가 옳다고 주장하는 건 더욱 무의미하다. 가장 손쉽게 선 택할 수 있는 건 내가 옳다고 믿는 바가 아니라 다른 사람들이 옳다 고 믿는 바를 따라하는 것뿐이다. 로버트 치알디니는 우리가 사회적 증거와 관련하여 평상시 갖고 있는 인지 오류를 설명하고 있다. 여기서 사회적 증거란 사람들이 다른 사람의 행동을 기준으로 자신의 행동을 결정하는 경향을 말한다. 이는 때때로 집단적 판단 오류나 군중심리를 유발한다.

사람들은 종종 다수의 의견이 옳다고 믿고 그 의견에 따르려는 경향이 있다. 내가 옳은 것보다 그들이 옳다고 믿는 게 더 중요한 셈이다. 주식투자에서 이런 인지 오류가 적용되면 어떤 일이 일어날까? 내 판단은 안중에도 없고 오로지 어떤 유튜버가 이 종목을 사라고 했으니 산다고 말하고, 또 어떤 전문가가 이 종목이 유망하다고 말하니 투자한다고 말한다. 끔찍한 일이다. 최근 암호화폐 광풍을 보면서 개인적으로 저 중에 몇 명이나 블록체인 기술에 대해 알고 있을까 궁금했다. 이것저것 따질 것 없이 일단 사고 본다는 분들이 주변에 너무 많다. 미안하지만 그런 구매는 투자가 아니다. 진짜 투자는 내가 사는 종목이 무엇인지 아는 것에서 출발한다. 이번 장에서는 4장에 이어서 투자자가 쉽게 빠지는 인지 오류를 계속 살펴볼 예정이다.

내가 사면 값이 오르는 기적:
소유 효과

'나는 타고난 마이다스의 손이다!' 누가 들으면 과대망상증 환자처럼 느껴지겠지만, 주식시장에서는 이런 분들이 종종 목격된다. 이들은 자신이 내린 투자 결정이 언제나 옳고, 많은 수익을 가져다준다고 주장한다. 이유는 간단하다. 자신은 '하늘로부터' 그런 능력을 부여받았기 때문이다. 우리는 보통 그림 그리는 재능이나 노래 부르는 능력 따위는 후천적인 노력이나 연습에 의해서 얻어지는 게 아니라 선천적으로 타고나는 것이라 믿는다. 이것이 바로 '능력을 부여받다endowment'라는 단어의 정확한 의미다. 물론 슈퍼맨이 아니고서 내가 초능력에 가까운 비범한 능력을 가졌다고 믿는 건 황당무계한 이야기로 들릴 것이다. 심리학에서는 이런 인지 오류를 '소유 효과 endowment effect'라고 부른다.

사실 소유 효과는 역사가 꽤 오래됐다. 중세 연금술사들은 소위 '철학자의 돌philosopher's stone'을 갖고자 열망했다. 이 돌만 가지고 있으면 모든 금속을 금으로 바꿔버리는 능력과 함께 사람이 죽지 않고 영생을 누릴 수 있는 불사의 약(흔히 '엘릭서'라고 부르는 그 약!)을 제조할 수 있는 능력을 부여받게 되기 때문이다. 중세 문헌을 뒤져 보면, 종종 천상의 지혜와 성스러움, 탁월한 재능, 불로불사의 명약과 연관된 철학자의 돌이 빈번히 등장한다. 실지로 니콜라스 플라멜 같은 역사적 인물들은 자신이 철학자의 돌을 발견했노라고 떠벌리기도 했다. 그래서 온갖 기이한 마법의 재주가 등장하는 J. K. 롤링의 판타지 소설 『해리포터 시리즈』에도 철학자의 돌이 나오는 것이 우연이 아니다.

투자에도 철학자의 돌 같은 게 있다면 얼마나 좋겠는가. 그러나 그런 재능은 지구상에서 그 누구도 소유하지 못한 능력이다. 소유 효과는 사람들이 자신이 소유한 물건이나 재능에 대해 더 높은 가치를 부여하는 경향을 일컫는다. 이는 심리학자 대니얼 카너먼과 리처드 탈러Richard Thaler에 의해 처음 제안된 개념이다. 예를 들어, 자신이 소유한 물건을 팔려고 할 때, 그 물건의 실제 시장 가치보다 더 높은 가격을 요구하는 경우가 있다. 그 물건에 대한 개인적인 애착이나 소유의 감정이 작용하기 때문이다. 더군다나 소유한 물건이 개인의 정체성과 연결되어 있을 때 물건의 가치는 더욱 높아진다. 사람들은 자신이 소유한 물건을 통해 자신의 정체성을 표현하기 때문이다. 소유 효과는 일상생활에서도 자주 관찰된다. 집을 소유하고 있는 주인은 그 집에 대한 감정적 애착이나 수년 동안의 소유 경험을 바탕으로 집의 가치를 실제보다 높게 평가할 수 있다.

주식에서 예를 들어본다면, 한 투자자가 특정 주식에 강한 애착을 가질 수 있다. 그 주식은 그들이 처음으로 투자한 주식일 수도 있고, 개인적인 이유로 그 회사의 가치관과 일치하기 때문에 선호할 수도 있다. 만약 이 주식의 가치가 하락하고 금융 전문가들이 매도할 것을 권고하더라도, 이 투자자는 매도를 꺼릴 수 있다. 이때 애착과 건전한 재무 의사결정을 구분하는 것은 미세한 균형이 필요하며, 일부 투자자에게는 자신의 정서적 애착을 끊어내야 하는 도전이 될 수도 있다. 하다못해 당근마켓에 내놓은 물건을 생면부지의 이웃에게 만원에 팔 때에도 상당한 용기와 결단이 필요하다. 이 모든 것이 소유 효과로 빚어진 일이다.

더 큰 문제는 따로 있다. 내가 투자에 타고났으며 주식시장을 꿰뚫어볼 수 있는 능력이 있다고 믿는 것이다. 이런 확신은 단순히 내가 가진 물건을 남에게 비싸게 넘기거나 사고파는 데 주저함을 느끼는 것과는 차원이 다른 문제다. 시세 흐름을 파악할 수 있는 안목과 코앞의 장세를 예단할 수 있는 선견지명 같은 건 오랜 공부와 연구가 뒷받침되어야 얻을 수 있는 능력이다. 물론 그러한 능력조차 언제든 틀릴 수 있다는 자기 의심의 지대에 스스로를 흔쾌히 세울 수 있는 자세는 덤으로 가져야 한다. 선무당이 사람 잡고, 판수가 제 미래를 점치지 못하는 것처럼, 우리는 인간으로서 한계를 인정할 수밖에 없다.

소유 효과를 완화하기 위해 투자자는 정기적으로 포트폴리오를 검토하고 재무 상담사의 도움을 고려해야 한다. 자산 매도를 위한 명확하고 사전 정의된 기준을 설정하고, 재무 목표에 맞춰야 한다. 구체적인 재무 목표와 잘 정의된 투자 전략을 포함한 상세한 투자 계획을 개발하는 것이 감정적 의사 결정을 방지하는 데 중요하다. 장기 투자 목표를 이해하고 집중하는 것도 객관성을 유지하는 데 도움이 될 수 있다. 무엇보다 진정한 소유는 잡히지 않는 맹목적인 자기 확신이 아니라 끊임없이 자기 의심을 갖고 보수적으로 투자에 임하는 자세다. ❖

보이는 게 전부다: 가용성 휴리스틱 편향

서울의 한 대학교에서 경영학을 전공하던 학생 C군(20대)은 졸업을 앞두고 주식투자에 대한 관심이 커졌다. 친구들 사이에서 주식으로 큰 수익을 올린 사례가 있기도 했지만, 특히 한 친구가 신생 IT기업에 투자해 단기간에 수익을 올렸다는 이야기를 듣고 큰 자극을 받았던 터였다. C군은 친구의 성공 이야기에 매료되어 인터넷에서 해당 기업의 정보를 검색하기 시작했다. 그 과정에서 여러 블로그와 유튜브 채널에서 이 회사의 긍정적인 뉴스와 성공 사례를 접하게 되었다. 특히 최근에 발표된 신제품이 시장에서 큰 호응을 얻고 있다는 소식이 그의 마음을 사로잡았다. C군은 자신이 한 학기 동안 아르바이트로 모은 돈을 탈탈 털어 해당 기업의 주식에 투자했다. 처음에는 주식창에서 상승 그래프를 보는 쏠쏠한 재미에 빠졌지만, 몇 주 후 예상치 못한 일이 발생했다. 야심차게 발표한 신제품이 시장에서 기대 이하의 반응을 얻자 해당 주가는 급락했다. 안타깝게도 그는 사회로 첫발을 내딛기도 전에 전 재산을 잃었다.

그가 빠졌던 인지 오류는 가용성 휴리스틱 편향availability heuristic bias 이다. 사람들이 정보를 평가하거나 결정을 내릴 때, 쉽게 떠오르는 정보나 사례를 바탕으로 판단하는 경향을 말한다. 여기서 '휴리스틱' 이라는 말은 '발견하다'라는 뜻의 그리스어 '휴리스케인heuriskein'에서 유래한 단어다. 흔히 '발견법'으로 불리는 휴리스틱은 인간의 인지 능력의 한계를 보여주는 대표적인 개념이다. 오랜 진화 과정에서 우리 인간은 하루하루 홍수처럼 쏟아져 들어오는 정보의 대해 위를 떠다니면서 그때그때 필요한 정보를 습득하는 능력을 개발시켜왔다. 물리적으로 나에게 들어오는 모든 사건과 정보를 뇌는 일거에 처리할 능력이 없다. 처리할 수 있다면 그는 단 한 번의 시각적 인지로 종이 위에 주변 배경까지 깡그리 그릴 수 있는, 소위 사반트 신드롬 savant syndrome을 갖고 있는 사람일 것이다.

그래서 우리 뇌는 불충분한 시간과 미진한 처리 능력을 벌충하기 위해 합리적 판단을 할 수 없거나 체계적이고 논리적 판단이 굳이 필요하지 않은 상황에서는 정보를 건너뛰듯 활용한다. 이를 위해 완벽한 논리와 정확한 의사결정 대신 직관과 직감을 이용한다. 비유하자면, 정물화를 그리는 대신 추상화를 그리는 것이다. 이를 휴리스틱이라고 한다. 처리 과정이 철두철미하지 않기 때문에 '어림 대중'이라고 번역할 수도 있을 것이다. 영어로는 '엄지 규칙thumb's rule'쯤 된다고 할 수 있을까? 상황과 정보에 따라 시의적절한 잠정적 해결책을 제시하는 것으로 만족하는, 그래서 뇌가 인지 편의성을 확보하면서 보다 중요한 정보를 처리할 수 있는 시간을 버는 미봉책인 셈이다. 그런 의미에서 휴리스틱은 인간이 선택한 최선의 차선책인 셈이다.

　가용성 휴리스틱이라는 것은 지금 당장 내 손에 잡히는 것을 끌어들여 얼기설기 작업을 구상한다는 것이다. 물론 시간의 제약과 재료의 한계 때문에 완벽하고 멋들어진 작품이 탄생할 수 없을 것이다. 이 때문에 사람들은 특정 사건이나 정보가 얼마나 쉽게 기억나는지에 따라 그 사건의 빈도나 중요성을 판단한다. 예를 들어, 뉴스에서 자주 보도되는 범죄 사건은 시청자로 하여금 실제로 발생하는 빈도보다 더 위험하다고 느끼게 만들 수 있다. 또한 최근에 경험한 사건이나 정보를 더 쉽게 기억하게 되므로 그 사건의 발생 가능성을 과대평가하게 된다. 자연재해나 사고에 대한 뉴스가 자주 보도되면, 사람들은 그 사건이 발생할 가능성이 높다고 느낀다. 가용성 휴리스틱은 개인의 빈번한 경험에도 깊이 연관되어 있다. 사실 경험만큼

의사결정에 있어 강렬한 인상을 주는 게 없다.

가용성 휴리스틱은 의사결정 과정에서 비합리적인 판단을 초래할 수 있다. 이는 개인의 위험 평가, 소비자 행동, 정책 결정 등 다양한 분야에서 영향을 미칠 수 있다. 이러한 편향에 영향을 받는 투자자들은 아무런 의심 없이 최근의 기억에 남는 뉴스, 사건, 또는 유행 등을 바탕으로 투자 결정을 내린다. 이러한 접근이 갖고 있는 위험성은 개인의 기억이나 순간적으로 떠오르는 정보가 실제 시장 동향과는 완전히 다를 수 있다는 점이다. 개인의 경험이나 최근의 인상에 의존하게 되면, 보다 넓은 시장의 흐름이나 데이터에 기반한 합리적인 판단을 놓칠 수 있다. 과거에 내가 겪은 삼성전자의 아픈 추억이 지금도 삼성전자에 투자하지 못하는 이유라면 나는 주식시장의 주변만 맴돌고 있는 낭인일 뿐이다.

투자에 진심이라면 가용성 휴리스틱 편향을 의식적으로 물리쳐야 한다. 감정이나 주관적인 경험에 의존하기보다는 데이터와 사실에 기반한 의사결정을 해야 한다. 기업의 재무제표와 성장률, 시장 점유율 등을 분석하여 객관적인 데이터를 기반으로 투자 결정을 내리는 게 필요하다. 투자에 따른 리스크를 체계적으로 평가하고, 이를 관리하기 위한 전략을 수립하며, 언제나 내 판단이 틀릴 수 있다는 사실을 기억할 필요가 있다. 손실을 최소화하기 위한 손절매 전략을 미리 설정하면 타이밍을 놓치지 않을 수 있다.

단기적인 성과에 집중하는 경향을 줄이기 위해, 장기적인 투자 목표를 설정하고 이를 유지하는 것도 중요하다. 투자 포트폴리오를 정기적으로 검토하고, 장기적인 목표에 맞게 조정하는 것을 게을리해선 안 된다. 단기적인 변동성에 휘둘린다면 차라리 앱을 당분간 꺼 두는 것도 좋다. 마지막으로 전문가의 조언을 받는 것도 가용성 휴리스틱의 함정을 피하는 데 도움이 된다. 투자 전문가나 재무 상담가와 상담하여, 객관적인 시각에서 조언을 받고, 심리상담가를 통해 정서적 측면의 도움을 받을 수 있다. 전문가의 경험과 지식을 통해 도움을 받으면 변화무쌍한 주식시장에서 보다 나은 결정을 내릴 수 있다. ❖

신상일수록 더 좋다: 최신성 편향

평소 주식투자에 관심이 많은 직장인 A씨(30대)는 매일같이 출근과 함께 경제 뉴스를 체크하고, 주식시장의 동향을 살피는 것을 하루의 루틴으로 삼았다. 간밤에 벌어진 미국의 주식 시황을 점검하고, 세계 경기에 영향을 미칠 수 있는 주요 국가의 경제 상황을 확인하며 향후 투자 계획을 수립하곤 했다. 필자는 A를 개인 투자자 모임에서 만났다. 그는 모임을 주관하면서 투자 포트폴리오를 짜는 독특한 방법을 제시했는데, 이게 투자자들 사이에서 은근히 잘 먹혔던 것 같다. 그의 비상한 재주는 금세 주변에 소문이 났고, 급기야 모임을 리딩방처럼 운영하기 시작했다. 아마 이 시기에 투자 관련 책도

냈던 것으로 기억한다.

하루는 A에게서 전화가 걸려왔다. 최근 몇 주 동안 특정 기술 기업의 호재를 확인하고 해당 주식을 대량 매수했다는 것이다. 이 기업은 인공지능 개발사와 협력하여 혁신적인 제품을 개발하기로 했다는 보도가 파다했고, A는 이런 뉴스를 바탕으로 앞으로 1년 내에 해당 기업의 주가가 줄기차게 오를 것이라고 예측했다. 특히 그가 투자 결심을 굳히는 데 회사 CEO의 인터뷰가 한몫했다. 그는 상기된 목소리로 해당 회사의 전도유망한 미래와 가치를 열심히 늘어놓았고, 전화를 끊으면서 나에게도 투자를 권유하는 걸 잊지 않았다. "원장님, 이겁니다. 이 주식은 꼭 사셔야 해요."

그러나 그는 이 기업의 실적이나 이전에 발생했던 각종 문제들에 대해서는 거의 고민하지 않았다. 사실 몇 년 전, 이 기업은 심각한 보안상의 문제로 큰 손실을 입었고, 그로 인해 주가가 급락한 적이 있었다. 하지만 A는 최근에 매스컴을 뜨겁게 달군 긍정적인 뉴스에만 집중했고, 과거 부정적인 정보는 까맣게 잊어버렸다. 투자를 마친 뒤 몇 주 후, 그가 투자했던 기업은 예상치 못한 경쟁사의 등장과 함께 거짓말처럼 주가가 급락했다. 나중에 안 사실이지만, 그가 소수 멤버에게 가입비를 받고 투자 종목을 짚어주던 프리미엄 리딩방은 이후 각종 소송에 휘말리고 말았다.

A의 사례는 최신성 편향이 어떻게 투자를 망가뜨리는지 잘 보여

준다. 그는 과거의 정보와 전반적인 시장 상황을 무시한 채 최신 정보에만 의존했다. 인지 오류의 하나인 최신성 편향recency bias은 최근 정보에 더 많은 비중을 두고, 시간상 오래된 정보는 상대적으로 덜 중요하게 여기는 인지적 경향을 말한다. 나아가 최신성 편향은 현재 습득한 정보가 지나간 정보보다 미래에 더 큰 영향을 미칠 것이라는 믿음을 심어준다. 쉽게 말해, '최신일수록 더 좋다The more recently, the better.'라는 한 문장으로 압축된다. 이런 인지 오류는 단지 투자 과정에서만 아니라 일반적인 의사결정 과정에서도 매우 흔하게 발생한다. 최신 아이폰이 마냥 좋은 것만은 아니다.

미국에서 시행된 한 연구에 따르면, 법정에서 배심원단이 최종 결정을 내릴 때 무수한 증언과 주장 사이에서 변호사가 마지막으로 호소하는 '최종 변론'이 가장 결정적인 영향을 미친다고 한다. 최신성 편향이 공정과 정의를 가장 중요한 가치로 삼는 사법적 판단에도 무시할 수 없는 영향을 준다는 것. 이뿐 아니다. 마케팅 분야에서도 소비자들이 최근에 접한 상업 광고나 신상 정보에 더 큰 영향을 받는다는 연구 결과가 적지 않다. 이는 왜 기업들이 앞 다투어 최신 정보를 수집하려고 혈안이 되는지 그 이유를 설명해준다. 정치권에서도 최신성 편향을 중요 변수로 잡는다. 유권자들이 최근의 정치적 사건이나 뉴스에 따라 투표 결정을 내리기 때문이다.

양적 최신성 편향	부적 최신성 편향
최근 상승한 종목에 과도한 집중	최근 하락에 대한 과도한 반응
• 최근 몇 주 동안 급격히 상승한 주식이나 종목에만 투자함. • 최근의 상승세만 보고 투자 결정을 내리면, 그 주식이 이미 과대평가되었거나 작전 세력의 작당일 가능성을 무시할 수 있음. 단기적인 시장 변동이나 일시적인 요인에 의한 상승일 수 있다는 점을 간과하면서 결과적으로 시장 조정이나 하락을 놓칠 수 있음.	• 주식이 최근 며칠, 몇 주 동안 하락했다면, 해당 주식에 대한 부정적인 전망에 휘둘려 매도함. • 단기적인 하락이 회사 가치나 장기적인 시장 트렌드와는 무관할 수 있음. 주식이 장기적인 성장 잠재력을 가지고 있음에도 불구하고 매수 기회를 놓칠 수 있음.
현재의 확실성	과거의 불확실성
뉴스와 미디어의 영향을 과도하게 받음	과거 경험에 대해 기억이 왜곡됨
• 최신 뉴스나 미디어 보도를 더 오래 기억하면서 특정 종목에 투자함. • 최근 뉴스가 단기적인 시장 흐름을 반영할 수 있지만, 최신성만 가지고 투자 결정을 내리면 위험함. 기업의 기본적인 펀더멘털에 대한 깊은 분석과 함께 다양한 변수를 감안해야 함.	• 최근 발생한 시장 붐이나 급락을 과거의 시장 패턴에 비춰보며, 자신의 경험에 과도하게 의존할 수 있음. • 과거의 시장 상황이나 경험은 현재의 시장 환경과 완전히 다를 수 있음. 최근의 경험에 의존하여 비합리적인 결정을 내릴 위험이 있음.

최신성 편향이 최신 기종 휴대폰을 고르는 것처럼 사소한 문제를 결정하는 데 영향을 미친다면 걱정이 없겠지만, 적잖은 금액이 오가는 투자 결정에 영향을 미친다면 복구할 수 없는 손해를 입을 수 있

다. 투자에 있어 최신성 편향은 주로 종목을 결정하고 매수와 매도를 진행하는 데 방향성이나 모멘텀의 형태로 나타난다. 무엇보다 최신성 편향은 투자자들이 경제 사이클을 정확히 평가하지 못하게 만들어 상승장이 지속될 가능성에 대해 신중해야 할 때에도 계속 투자하게 하거나, 반대로 하락장에서 주식을 매수하지 못하게 만든다. 이는 하락장에 대해 지나치게 비관적인 전망을 갖게 만들기 때문이다. 이처럼 최신성 편향은 주식을 지나치게 오래 보유하거나 너무 일찍 매도하도록 유도해 수익 잠재력을 잠식하는 주범이 된다.

그렇다면 최신성 편향을 극복하기 위한 방법에는 어떤 것이 있을까? 우선 최신의 정보라고 무턱대고 믿어선 안 된다. 주식투자는 단기적인 시장 변동에 휘둘리기보다는 장기적인 투자 목표와 기업의 펀더멘털을 중심으로 결정을 내리는 것이 중요하다. 최신성 편향을 피하려면 주식이 최근에 급등하거나 급락했다고 해서 즉각적으로 반응하기보다는 기본적인 분석에 집중해야 한다. 차트에서 전에 없던 이상한 기류를 느낀다면 작전 세력이 장난치고 있다고 의심해 볼 수 있다. 이를 위해 최근 정보뿐만 아니라 과거의 데이터, 기업의 재무제표, 산업 동향 등을 종합적으로 분석하는 것이 중요하다.

아무리 강조해도 지나치지 않는 조언은 분산투자의 미덕을 발휘하라는 것이다. 하나의 종목에 과도하게 의존하는 대신, 다양한 자산과 종목에 분산투자를 통해 최신성 편향에 의한 리스크를 줄일 수 있다. 특정 종목이나 최근 상승 주식에 의존하기보다는 장기적인 포트폴리오 전략을 세워야 분산투자도 가능하다. 흔히 세대를 건너 대대로 내려오는 지혜를 '전통적 지혜traditional wisdom'라고 부른다. 가만히 생각해보면, 그 어떤 영역보다도 투자계에서 전통적 지혜가 더 중요하다. 빠르게 변하는 세상, 시시각각 변하는 최신 정보 속에서 켜켜이 쌓인 시간의 무게를 견디고 스스로를 증명해온 전통적 지혜가 최신의 것만 쫓는 현대인들의 조급함을 어느 정도 누그러뜨릴 수 있기 때문이다. ❖

동화 속 주인공으로 살기: 서사적 오류

'300만 원으로 30억을 벌었어요.'

시내 서점을 들러보면 자신의 투자 성공담을 들려주고 싶어 안달이 난 저자들의 책이 오늘도 수없이 매대를 점령하고 있다. 저자의 직업도 다양하고 책의 내용도 서로 다르지만, 사실 그런 투자서가 정면에 내세우는 결론은 딱 하나다. 한결같이 최소의 비용으로 최대의 이익을 거둔 비결을 소개해 주겠다는 책들이다. 사람들은 논리나 공식보다는 이야기에 끌린다. 사랑과 배신, 희망과 난관이 잘 버무려진 이야기를 통해 전달된 메시지는 사람의 뇌리에 강하게 각인되고 기억 속에 오래 남을 만큼 강력한 흡인력을 발휘한다. 세금 관련 규정을 알기 위해서 괜히 수십 시간 강의를 듣는 것보다 잘 만들어진 영화 한 편을 보는 게 더 낫다고 여기는 건 다 그런 이유 때문이다. 물론 이야기가 아무리 그럴듯해도 그게 사실이라는 보장은 없다.

인류학자들은 일찍이 인간을 스토리텔러storyteller라고 부른다. 스토리의 힘은 오랫동안 학자들과 사상가들의 관심을 사로잡았다. 인간은 이야기를 통해 문명을 건설했고, 도시를 놓았으며, 공동체를 연결했다. 알타미라나 쇼베동굴 벽화에서부터 문학과 디지털 미디어에 이르기까지, 그리고 고대 신화와 전설에서 현대의 소설과 영화에 이르기까지 이야기는 지역과 시대, 공간과 세대를 넘어 인간 문화와 사회를 형성하는 데 중요한 역할을 했다. 영웅 신화와 자연종교는 자연을 길들이려는 인간의 야망에 불쏘시개가 되었다. 할아버지는 아버지에게, 아버지는 아들에게 부족의 탄생 설화를 들려주며 부족의 단합과 이상을 공유했다. 이처럼 오래된 이야기good old story는 교육과 오락, 영감을 주는 도구이자, 인간의 신념과 가치, 문화를 형성하는 매개였다. 그리고 이 사실은 지금도 유효하다.

로맨틱 코미디가 여성들에게 남녀 관계에 대한 비현실적인 환상을 심어준다는 심리학 연구는 서구에서 빈번히 수행되었다. 영화 속에 남녀는 갈등과 오해를 이겨내고 결국 완벽한 일치를 이룬다는 뻔한 공식을 따른다. 물론 현실의 남녀 관계는 언제나 해피엔딩으로 끝나지 않는다. 현실은 영화 스토리처럼 단순하지도 않고 정해진 경로를 따르지도 않는다. 백마를 탄 왕자는 현실에 없으며, 있다 하더라도 나를 사랑할 리가 없다. 로코가 보여 주는 남녀의 사회 역할에 대한 편향된 시각은 또 다른 문제다. 남자 주인공은 언제나 재벌집 막내아들이며 가업을 승계하는 위치에 있지만, 여자 주인공은 늘 회사 말단사원이거나 회사 근처 카페에서 일하는 일개 종업원으로 그려진다. 다들 왜 이런 걸까? 나 몰래 집단으로 짜고 치는 고스톱판에 내가 앉아있기라도 한 걸까?

여기서 로코를 사랑하는 독자들 앞에서 악당이 되어볼까? 스토리의 위력은 그것이 사람과 집단을 기만하는 도구로 사용될 때 절정에 달한다. 이야기는 사실적 묘사와 진실된 경험을 토대로 강렬한 진정성을 담보하기 때문이다. 이를 심리학에서는 흔히 서사적 오류로 명명한다. '서사적 오류narrative fallacy'는 얼마 전 한국에도 내한했던 투자가이자 철학자인 나심 탈레브Nassim Nicholas Taleb가 그의 저서 『블랙스완』에서 처음 제안했다. 그는 사람들이 과거를 지나치게 단순화하고 부정확한 이야기로 기억하며, 시간이 지나 이 가공되고 왜곡된 이야기를 진실로 믿는다고 주장한다. 언제나 매혹적인 이야기는 결과에서 운이나 확률이 차지하는 역할을 과소평가하며 필연성의 환상을 만든다.

서사적 오류는 여러 인지 오류와 함께 작동한다. 흔히 선행한 사건이 곧 원인이다post hoc ergo propter hoc, 즉 '이 일이 일어난 다음 저 일이 일어났다면 이 일은 저 일에 대해 원인일 수밖에 없다.'는 상식적 오류와 연동된다. 앞서 일어난 일과 지금 벌어진 일 사이에 인과관계가 입증되지 않았는데도 섣불리 그럴 것이라고 믿어버리는 것이다. 흔히 '까마귀 날자 배 떨어진다.'와 같은 상황이 영화에서는 단순히 우연으로 치부되지 않고 반드시 사건의 복선으로 작용하기에 인과성 오류는 서사적 오류와 맞닿아 있을 수밖에 없다. 예로부터 어른들이 '참외밭에서 신발 끈 고쳐 매지 말고 오얏나무 아래서 갓을 고쳐 쓰지 말라.'고 당부한 것도 이런 인과성 오류(저지르지도 않았는데 괜한 오해를 받는 상황!)를 만들지 말라는 맥락에서였을 것이다. 이처럼 무관한 사건들로부터 이야기를 만들어내는 과정이 본질적으로 서사적 오류가 갖는 대표적인 특징이다. 그러나 현실은 그렇지 않다. 서로 무관한 사건이 얼마든지 우리 주변에서 일어날 수 있고, 또 빈번히 일어난다.

인간의 뇌는 세상을 단순한 방식으로 이해하기를 선호한다. 복잡하고 어지러운 설명보다 단순하고 명쾌한 이야기에 더 끌리는 이유가 거기에 있다. 복잡성은 인지적 에너지를 많이 요구할 뿐 아니라 사고 과정을 느리게 하고 감정의 명료성을 방해한다. 정확한 피아의 구별, 좌냐 우냐, 영웅이냐 악당이냐 명쾌한 이분법이 이도 저도 아닌 짙은 회색지대에 머무는 것보다 심리적으로 훨씬 간편하고 인지적으로 경제적이다. 인지심리학자인 대니얼 카너먼은 이와 관련한 실험을 수행하며 사람들은 평소 자신이 접근할 수 있는 제한된 정보를 세상의 전부라고 여기는 경향이 있다고 주장한다. 내가 가진 세계관이 현실세계의 전부며, 내 인식 너머의 세계는 마치 존재하지 않는 것처럼 행동한다는 것이다. 이처럼 제한된 정보를 짜깁기하여 가장 그럴듯한 이야기를 만들어내는 과정은 소위 '손재주꾼bricoleur'의 작업과 유사하다.

인간은 천성적으로 이야기를 좋아하고, 요약을 선호하며, 단순화를 사랑한다. 한마디로 인간은 환원을 좋아한다. 사실 우리의 인지 과정은 모두 일반화이자 환원이 아닐까? 나심 탈레브는 이런 서사적 오류가 투자에 치명적인 결과를 가져온다고 재차 경고한다. 탈레브는 러시안 룰렛의 예를 든다. 영화 「지옥의 묵시록」에도 등장하는 러시안 룰렛은 두 명의 참가자가 6연발 권총에 하나의 총알만 장전하고 번갈아 총을 자기의 머리에 격발하는 대결 방식이다. 최근 넷플릭스 드라마 「오징어게임 2」에서도 배우 공유가 선보인 바 있다. 두 명의 참가자는 한 사람이 기권할 때까지 권총의 방아쇠를 당기는 간담이 서늘한 치킨게임을 선보인다. 그런데 우리는 영화를 너무 많이 봤다. 그래서 내 차례에 실탄이 관자놀이를 뚫고 초당 3천 번 회전하며 내 연두부 같은 뇌를 파내어버릴 거라고 추호도 믿지 않는다.

이것이 서사적 오류가 지닌 치명적인 문제점이다. '나는 절대 실패하지 않을 거야.' '나는 반드시 성공할 거야.'라는 사고방식이 한동안 나에게 기분 좋은 안도감을 줄 순 있지만, 방아쇠를 당기는 사람이 누구냐 하는 문제와는 상관없이 6연발 권총에서 실탄이 발사될 확률은 언제나 6분의 1이라는 사실을 잊어선 안 된다. 만약 서로 두 번 권총을 주고받으며 사이좋게 방아쇠를 당겼다면, 내 차례에 총알이 당첨될 확률은 2분의 1이 되기 때문이다. 탈레브는 서사적 오류야말로 '동화의 세계'라고 말한다. 동화는 으레 '아주 먼 옛날'로 시작해서 '둘은 영원히 행복하게 살았답니다.'로 끝난다. 열린 결말로 끝나는 동화를 본 적이 있는가? 마치 볼일 보고 뒤를 안 닦은 느낌일 것이다. 대단원에서는 모든 갈등이 해결되고 악당은 단죄되며 주인공은 행복하게 살아야 동화로서 제 본분을 다한 이야기가 된다. 문제는 내가 그 동화의 세계에 사는 주인공이 아닐 수 있다는 것이다.

'그래서 두 사람은 영 앤 리치로 일찌감치 은퇴하여 평생을 행복하게 살았답니다.'라는 결말은 모두가 꿈꾸는 장밋빛 서사지만, 내 인생은 그보다 훨씬 고단할 수 있고, 내 현실은 동화 속 결말보다 훨씬 씁쓸할 수 있다. 그래서 현타가 오기 전에 '내가 지목한 종목은 결국 나에게 엄청난 수익을 가져다 줄 것이다!'와 같은 내러티브는 삼가야 한다. 스토리에도 반전이 있다는 것을 명심하자. 그리고 현실은 반전에 반전이 일어날 수 있다. 이미 다섯 번의 격발에도 아무 일 없었다면 이번엔 어쩌면 나일 수 있다는 긴장감을 가져야 한다. 그리고 그게 러시안 룰렛처럼 인생을 건 투자라면 더욱 그렇다. ❖

가장 속 편한 변명: 뒷궁리 편향

프로야구 중계를 보다 보면, 흔히 들을 수 있는 멘트가 있다. "결과론적인 이야기지만, 저 때 투수를 그냥 바꿔줬더라면 어땠을까 싶네요." 세상에 투수 교체 타이밍만큼 결정하기 어려운 게 야구에 따로 없다는 말이 있다. 9회 말, 홈팀이 간신히 1점차 리드를 지키고 있다. 주자 1, 2루 상황에서 4번 타자가 타석에 들어섰다. 투구 수는 이미 80개를 넘어섰다. 이만하면 선발투수가 힘이 빠질 때가 됐다고 판단하고 감독이 구원투수를 내도 전혀 이상할 게 없는 상황이다. 과연 투수를 교체할 것인가, 아니면 팀의 에이스를 믿고 그대로 갈 것인가? 팀의 승리를 좌우할 결정적인 순간, 감독은 과연 어떤 합리적인 선택을 해야 할까?

답은 결과에 달려 있다. 다시 말해, 선택의 승패, 즉 좋은 결정과 나쁜 결정을 가르는 기준은 게임의 승리가 어떤 팀에 돌아갔는가에 따라 확연히 나뉜다는 것이다. 만약 감독의 기대에 부응하여 9회 말을 틀어막고 1점차 승리를 지켰다면 선발투수를 믿고 묵묵히 밀고 나간 감독의 뚝심을 칭찬할 것이다. "역시 투수를 믿었던 감독의 우직함이 승리를 가져오네요." 반면 통한의 스리런 홈런을 맞고 졸지에 경기를 상대팀에게 내주었다면 끝까지 구원투수를 내지 않았던 감독의 고집을 비난할 것이다. "왜 그랬을까요? 교체 타이밍을 놓친 게 게임의 패인이네요." 그래서 결과론에 빠진 팬들이 많은 야구단은 한 시즌 내내 잘해도 욕먹고 못해도 욕먹는 딜레마에 빠지는 경우가 많다.

인생을 살다 보면 결과를 익히 알고 있는 상황에서 누구에게나 결정적인 순간으로 되돌아가 다른 선택을 했더라면 과연 어땠을까 싶은 때가 있다. '그때 그녀를 잡았어야 했는데.' '그때 그 회사에 들어갔어야 했는데.' 미국의 시인 프루스트는 「가지 않은 길」에서 자신이 선택하지 않은 길을 후회하듯 회상하는 시인을 등장시킨 것으로 유명하다. 사실 철 지난 후회에 지나지 않는 이런 결과론이 우리가 맞닥뜨린 인지부조화에 효과적인 대안이자 임시방편의 치료제가 되는 이유는 무엇일까? 이유는 간단하다. 그렇게 생각하는 것이 인지적 에너지를 덜 쓰면서도 눈앞에 닥친 지금의 상황을 보다 손쉽게 설명할 수 있기 때문이다.

심리학에서는 이러한 인지 오류를 흔히 '뒷궁리 편향hindsight bias'이라고 부른다. 다른 말로 '사후 확신 편향' 혹은 원래 모두 알고 있었다는 듯이 말하기 때문에 '내 그럴 줄 알았어 편향knew-it-all bias'이라고 불린다. 뒷궁리 편향은 과거 경험에 반하는 새로운 정보가 그 경험에 대한 기억을 다른 것으로 왜곡할 때 종종 발생한다. 이른바 사후약방문死後藥方文이자 실마치구失馬治廏인 셈이다. 1970년대 이후 다양한 인지심리학자에 의해 다양한 실험이 이뤄졌고, 뒷궁리 편향은 투자에 인지 오류를 일으키는 중요 원인으로 거론되고 있다. 우리에게 유독 흥미로운 점은 이러한 인지적 편향을 주식투자 상황에서 흔히 발견할 수 있다는 사실이다.

'피그말리온 효과'로 유명한 로버트 로젠탈Robert Rosenthal은 여러 실험을 통해 이러한 뒷궁리 편향의 메커니즘을 조사했다. 그의 연구 중 하나는 학생들에게 특정한 시험 문제를 주고, 그 문제의 정답을 알고 있는 상태에서 학생들이 문제를 푸는 과정을 관찰하는 것이었다. 실험 결과, 학생들은 문제의 정답을 알고 난 다음, 그 문제를 더 쉽게 풀 수 있다고 느꼈다. 어떤 학생은 '이걸 내가 어떻게 틀렸지?'라고 자책할 정도였다. 이는 뒷궁리 편향의 전형적인 예로, 사람들이 결과를 알고 나면 그 과정이 더 명확하게 보인다는 사실을 보여

준다. 흔히 '알고 나면 보인다.'는 말이 여기에 해당할 것이다.

좀 더 쉽게 설명하자면, 같은 영화를 두 번 본다고 가정해 보자. 처음 영화를 볼 때 미처 눈치채지 못했던 세세한 복선과 디테일들이 다시 한 번 볼 때는 마치 퍼즐 조각이 탁탁 들어맞는 것처럼 눈에 들어오는 경우가 많다. 이때 우리가 '아, 이런 장면도 있었구나.'라고 생각하기보다는 '맞아, 결국 이렇게 될 줄 알았어.'라고 생각하는 편이 훨씬 인지적으로 부담이 덜 된다는 것이다. 그래서 스포일러는 주변에 꼭 하나씩 있기 마련인가 보다. 실지로 2001년 9/11 테러가 발생했을 때, 많은 호사가는 과거의 기억에서 테러의 징후나 경고를 소환하며 사건을 미리 예견하는 자신의 선견지명present을 자랑했다. 물론 그들이 주장한 선견지명은 사실 후견지명後見之明, 사후약방문에 가깝지만 말이다.

어쨌든 뒷궁리 편향은 우리 일상에서 어떤 심각한 문제를 일으킬까? 심리학자 닐 뢰스Neal Roese와 캐슬린 보스Kathleen Vohs는 뒷궁리 편향이 세 가지 단계로 발생할 수 있다고 주장한다. 첫 번째 단계는 '기억 왜곡'이다. 이는 과거의 판단이나 의견을 의도적으로 잘못 기억하는 것으로 가장 흔한 뒷궁리 편향 사례라 할 수 있다. 이는 마치 타짜가 전에 없던 화투 한 장을 몰래 끼워 넣는 방식과 같다. 내 기억을 의식적(또는 무의식적)으로 편집하거나 조작한다. 두 번째 단계는 '불가피성', 즉 과거 사건이 불가피했다고 믿는 것이다. 다시 과거로 돌아간다 해도 전과 똑같은 선택을 내릴 수밖에 없는 상황이었다는 변명이다. 마지막 단계인 '예견 가능성'은 그 사건을 이미 예견할 수 있었다고 믿어버리는 것이다. "내 이럴 줄 알았다." 어라, 어디서 많이 듣던 말이다.

더불어 뢰스와 보스는 뒷궁리 편향의 세 가지 수준에 영향을 미쳐 우리의 인지 능력과 미래를 예측하는 예지력을 과대평가하도록 만드는 세 가지 주요 변수가 있다고 결론지었다. 첫 번째는 '인지적 변수'다. 우리는 종종 과거 사건에 대한 기억을 왜곡하여 현재 우리가 진실이라고 아는 정보를 선택적으로 기억한다. 난 부부싸움을 할 때 이런 인지적 변수를 실감한다. 멀리 갈 것도 없다. 영화 「번지 점프를 하다」를 보라. 어쩌면 그렇게 남성과 여성의 기억은 천편일률적으로 서로 다를까? 이처럼 우리 기억이 다른 이유는 평소 개인이 세상에 대한 이해를 업데이트하고 기존의 정보와 일치시키는 과정이 다르기 때문이다.

두 번째는 '메타인지적 변수'다. 메타인지는 우리가 자신의 생각에 대해 생각하는 능력이다. 과거의 판단이나 사건을 쉽게 이해할 수 있을 때, 우리는 그 용이함을 확실성과 혼동할 수 있다. 이 변수는 우리가 분명히 기억한다고 착각하는 정보가 사실 기억하고 이해하기 쉽기 때문이라는 점을 설명해준다. 마지막으로 '동기적 변수'가 있다. 세상이 무질서하거나 아무런 의미가 없다고 여기는 것보다 질서정연하며 의미와 목적이 있다고 여기는 게 훨씬 정서적 위안을 준다. 이는 예측할 수 없는 사건을 예측 가능한 것으로 보도록 동기를 부여한다. 비록 그 예측이 틀렸다 하더라도 우린 쉽게 기억에서 실수를 소거할 수 있다. 내 예측이 맞았거나 처음부터 결과를 알고 있었다고 생각하는 건 분명 기분 좋은 생각이다.

그렇다면 뒷궁리 편향이 주식투자에는 어떤 영향을 미칠까? 뒷궁리 편향은 과거에 상당한 수익을 냈던 경험이나 긍정적인 결과가 시장의 움직임을 예측할 수 있는 자신의 능력 덕분이라고 믿도록 만든다. 물론 손실을 입었던 경험이 없었던 건 아니다. 어쩌면 수익과 손실을 맞비교하면 비등할 수도 있다. 하지만 그런 부정적인 기억은 머릿속에서 대부분 과소평가되거나 그 범위가 축소된다. 반면 수익을 거둔 기억은 드라마틱하게 가공되어 머릿속에 자랑스러운 트로피로 자리 잡는다. 나아가 과거에 일어난 시장의 변화가 현재 시장 상황을 반영하는 것이라고 자기 최면을 건다. 사실은 그 반대다. 과거의 시장 상황이 현재의 시장을 상당 부분 결정하기 때문이다.

이처럼 투자중독에 매몰된 투자자는 뒷궁리 편향을 통해 종종 과거의 기억을 잘못 소환한다. 시장이 어떻게 움직이는지 알고 있다는 확신은 투자에 근거 없는 과감성을 주기 쉽고 눈에 뻔히 보이는 잠재적 리스크를 과소평가하도록 부추길 수 있다. 예를 들어, 일련의 긍정적인 투자 결과가 이어진 후, 투자자는 '예전부터 이렇게 될 줄 알고 있었지.'라고 결론짓는다. 투자자라면 과거의 결과에 대한 뒷궁리 편향에 주의하고, 시장의 불확실성을 인식하며 신중하게 투자 결정을 내리는 것이 중요하다. 무엇보다 인지적 편향에 고착되기 전에 전문가와의 상담을 통해 적극적으로 문제를 해결하는 노력이 필요하다. ❖

Chapter 6

성공 투자를 위한
투자중독 탈출기

"주식 시장은 만물의 가격은 알지만,
아무것의 가치도 모르는 개인들로 가득 차 있다."

― 필립 피셔 ―

지금에도 기억에 남는 한 내담자가 있다. 80년대 서울대 상과대학을 나오고 모 공사에서 오랫동안 근무하다가 정년 은퇴한 P씨(60대)가 그다. 아내의 불륜과 이혼 및 재혼 이슈 때문에 십여 년 전 필자의 상담실을 찾았던 그는 눈에 넣어도 아프지 않을 늦둥이 딸을 대학까지 공부시키고 시집도 보내겠다는 일념으로 은퇴 전부터 주식투자에 매진했다. 원체 경제 분야에 빠삭한 두뇌를 가지고 있던 덕분인지 그의 투자는 꽤 괜찮은 성적을 냈던 것으로 기억한다. 하루는 투자했던 주식으로 수십 배의 수익이 났다며 필자에게 근사한 저녁을 사기도 했으니 '괜히 서울대 상대 출신이 아니구나.' 하는 생각도 들었다. 그렇게 그의 주식투자는 한동안 탄탄대로를 달렸다.

은퇴를 하면서 P는 본격적으로 투자에 뛰어들었다. 공사를 나올 때 받은 묵직한 퇴직금은 수십 년 간 우직하게 나라와 국민을 위해 일했던 한 공무원에게 쥐어진 정당한 보상이자 충분한 답례였다. 넉넉한 투자금이 구비된 P는 과감하게 투자 포트폴리오를 짰다. 워낙 주변에 투자에 관한 이야기를 아끼는 성격이었던 터라 정확히 알지는 못하지만, 아마 안정보다는 수익에 초점을 맞추지 않았을까 싶다. 그러다 코로나 사태가 터졌다. 2020년과 이듬해까지 해외와 국내를 가릴 것 없이 주가가 폭락하면서 P는 위기를 맞았다. 본격적으로 투자자의 뚝심과 전략이 필요한 시기가 온 것이다. P는 과감하게 포트폴리오를 정리하고 자산을 이동시켰다. 코로나로 셧다운이 이뤄졌을 때 충분히 떨어졌다고 판단한 그는 항공사와 여행사 주식을 사들였다. 그를 움직였던 건 정보나 전략이 아니라 외동딸에 대한 애정이었다.

정작 투자에서 중요한 것은 정보information가 아니라 정서emotion다. 제어되지 않은 그릇된 정서는 그간 주워 담았던 대부분의 가치 있는 정보들을 한낱 소용없는 휴지조각처럼 만들어 버린다. 일찍이 성서는 "무릇 지킬만한 것보다 더욱 네 마음을 지키라."(잠언 4장 23절)라고 조언한다. 마음을 지키고 생각을 바로 세우는 게 정보를 모으고 통계를 분석하는 것보다 더 중요하다. 왜냐하면 "때가 악하기 때문이다."(에베소서 5장 16절) 특히 주의해야 할 두 가지 정서에 탐욕과 두려움이 있다. 많은 투자자들이 바로 이 두 가지 정서를 극복하지 못하고 노정에서 고꾸라지고 말았다. 주식투자로 이익을 낼 때 좀 더 이익을 빨고 싶은 욕심, 손실을 낼 때는 조금이라도 손실을 털고 싶은 충동 때문에 언제나 매도 타이밍을 놓친다.

투자중독의 세 단계

그렇다고 P에게 위기가 없었던 건 아니다. 단 며칠 만에 수십 배에서 수백 배를 오가는 암호화폐의 수익에 그도 투자금의 일부를 코인으로 돌린 적이 있었다. 이미 오를 대로 오른 비트코인보다 아직 성장이 지지부진한 여러 알트코인에 분산투자를 감행한 것이다. 같은 금액을 넣어도 비트코인이 1% 오르는 것보다 알트코인이 10% 오르는 게 훨씬 이익이기 때문이다. 한동안 투자와 투기의 경계선을 위태롭게 오가며 일부는 수익을, 또 일부는 제자리걸음을 반복하며 투자를 이어갔지만, 하루 24시간 반복되는 코인투자 생태계에 질려서 결국 P는 코인투자에서 손을 떼기로 마음먹었다. 나는 그가 지금 암호화폐를 보유하고 있는지 잘 모른다. 다만 자산의 상당 부분을 채권이나 국채 쪽으로, 또 부동산 쪽으로 옮겨놓은 건 분명하다.

투자와 투기의 경계는 투자자 본인도 구분하기 쉽지 않다. 그건 어쩌면 주식투자나 코인투자에 어느 정도 도박과 유사한 메커니즘이 있기 때문인지도 모른다. 이 부분은 사회심리학자들의 연구 주제기도 하다. 2012년, 크로아티아 연구팀은 도박과 투자중독의 연관성을 연구하면서 주식투자 행위가 DSM-IV의 기준에 따른 중독으로 분류될 수 있는지를 조사했다. 인구통계적 문항 3개, 주식투자 및 모니터링 시간 관련 문항 3개, DSM-IV 기준 중독 여부 문항 7개 등 13개 문항으로 이뤄진 설문지를 이용하여 주로 35~45세 고학력자를 대상으로 연구를 진행했고, 그중에서 총 111명의 응답을 받아냈다. 이들의 응답을 분석한 결과에 따르면, 응답자 대부분이 평균 1년 이상 주식투자에 임했으며, 하루 1~6시간 동안 주식시장 동향을 모니터링한 것으로 드러났다. 흥미로운 부분은 대부분이 DSM-IV 기준 중독 분류에서 세 가지 이상의 기준을 충족한 것으로 확인되었다는 사실이다.

과연 투자를 도박과 연관 짓는 게 논리적일까? 여기서 잠깐 중독에 관한 좀 고전적인 설명을 추가해보자. 1953년, 캐나다 맥길대학교 심리학과 교수인 피터 밀너Peter Milner와 제임스 올즈James Olds는 행동신경학 연구에서 길이 남을 유명한 실험을 수행했다. 실험은 간단했다. 수면과 각성 주기를 조절한다는 중뇌망상계를 표적으로 실험용 쥐의 뇌에 전극을 이식하고 여기에 일정한 전기 자극을 주는 방식이었다. 그들은 스키너 상자를 개조해 중간에 지렛대를 놓았고, 이 지렛대를 누르면 뇌에 이식된 전기 자극이 전해지도록 연결했다. 이 전기 자극은 쥐의 보상체계를 자극하여 중추신경에 쾌감을 준다는 사실을 밝혀졌다.

실험 결과는 충격적이었다. 쥐들은 뇌를 자극하기 위해 시간당 무려 7천 번이나 지렛대를 눌렀다. 그들은 먹이를 먹지도 않고 전기 자극이 주는 쾌감에 빠져 굶어 죽었다. 쾌락은 죽음보다 강했다. 전기 자극을 주는 지렛대로 지나기 위해 중간에 불쾌한 전류가 흐르는 방해물도 설치해 보았지만, 쥐들은 아랑곳하지 않고 그 전류의 강을 건너 지렛대를 눌렀다. 일단 전기 자극에 맛을 본 수컷들은 발정기의 암컷을 무시하고 지렛대를 선택했으며, 암컷들은 갓 태어난 젖먹이 새끼를 내팽개치고 지렛대에 하루 종일 머물렀다. 도박과 투자는 비록 외관상 다를 수 있지만, 현실 도피적인 자세와 일상생활에 악영향을 미치는 메커니즘으로 볼 때 유사하다고 할 수 있다.

전문가들은 한결같이 중독이 무엇인가에 의존하게 되는 생각과 행동에서 비롯된다고 말한다. 의존이 깊어지면 우리 몸에 내성이 생기게 되고, 의존 물질을 끊었을 때 불안과 초조, 짜증, 집중력 저하, 소화불량, 두통, 피로 같은 금단증세가 나타난다. 이처럼 중독은 세 단계로 나눌 수 있다. 가장 먼저 물질에 대한 의존이 생기고, 의존은 내성을 만들며, 내성은 그 물질을 끊었을 때 금단증세를 유발한다. 이 세 단계는 사슬처럼 연결되어 있으며, 연결고리를 끊지 않으면 더 심한 중독 사이클에 빠진다. 도박중독도 동일한 사이클을 그린다. 카지노에 대한 생각은 끊임없는 갈구와 의존을 만들어내고, 감질나게 베팅하다가 내성을 이기지 못하고 빚을 내고 사기를 쳐서 자금을 만들어낸다. 그렇게 하루아침에 모든 것을 잃은 뒤 금단증세로 허우적거린다.

⛰ 투자중독의 사이클

투자중독 역시 마찬가지다. 의존과 내성, 금단증세라는 사이클이 있다. 최민식 주연의 디즈니플러스 드라마 「카지노」에는 점차 도박에 빠져 수십억을 잃고는 결국 알토란같던 중견 기업을 넘기고 알거지가 된 호구가 등장한다. 그가 200억 대의 회사를 말아먹을 정도로 바카라 도박에 빠질 수밖에 없었던 것은 아주 가벼운 천만 원 놀이에서 시작되었다. 드라마에서 찔끔찔끔 노는 호구에게 차무식(최민식)은 자신의 천만 페소를 걸고 대신 카드패를 열어달라고 부탁한다. 이유는 간단하다. 호구 스스로 바카라로 돈을 따는 짜릿함을 느낄 수 있게 해주는 고도의 전략이 깔려 있던 셈이다. 사실 그 한 번의 경험으로 호구는 도박의 세계에 빠지고 만다. 가만 보면 영화에서 그려지는 호구는 왜 다 똑같을까? 여기서 서사적 오류를 범하지 말자. 내가 그 호구가 되지 말란 법은 없으니까.

투자자도 쥐꼬리만 한 투자금으로 몇 배의 수익을 올리는 단 한 번의 경험으로 투자중독의 회로가 번쩍하고 켜질 수 있다. 그 짜릿함을 다시 맛보기 위해 도박꾼이 바카라 도박판에 앉듯이 투자자 역시 계속 투자앱을 들여다보게 된다. 이 단계를 의존 단계라고 한다. 의존 단계가 지속되면 점점 투자중독의 늪에 빠지게 되고, 이제는 웬만한 투자금으로는 직성이 풀리지 않게 된다. 수익을 내도 수익 같지 않다. 푼돈 좀 만지는 느낌에서 도무지 희열을 느낄 수 없다. 점점 베팅하는 액수가 늘어가고, 그렇게 한 번에 천만 원을 훌쩍 넘기게 된다. 이 단계를 내성 단계라고 한다. 이제 거금을 투자해도 가슴을 졸이거나 불안하지도 않다. 도리어 잠깐이라도 투자를 하지 않으면 불안해진다. 금단증세가 나타난 것이다.

문제는 이 한 번의 회로가 중단 없이 이어진다는 데 있다. 의존이 내성을 만들고, 내성이 금단증세를 불러오면, 더 깊은 의존에 빠지게 되면서 투자자의 뇌에서 다시금 새로운 사이클이 만들어진다. 한 바퀴 돈 사이클은 더 강력한 인상을 남기며 투자자로 하여금 더 깊은 의존과 내성에 빠지게 만든다. 이는 마치 고대 신화에 등장하는

의존 dependency	자신의 의지로 끊을 수 없게 되는 투자 탐닉의 상태	투자 행위에서 오는 흥분감과 보상감 내지 성취감에 의존하는 단계로 주식거래의 성공 경험이 긍정적 강화로 작용하여 의존성을 키우게 된다. 투자와 관련된 생각으로 하루 종일 지내면서 다른 중요한 활동이나 관계를 소홀히 하는 경향이 나타나기 시작한다.
내성 tolerance	반복된 투자로 지금까지의 수익으로는 더 이상 만족할 수 없는 투자 내성의 상태	초기에는 적은 금액이나 단순 거래로도 만족했지만, 시간이 지날수록 더 큰 금액을 투자하거나 더 위험한 자산에 접근해야 비슷한 흥분감과 만족을 느끼게 된다. 손실 위험(리스크)을 인지하면서도, 더 큰 이익을 기대하며 무리한 투자를 진행하면서 투자 행위가 스트레스 해소 및 삶의 공허함을 메우는 주요 수단으로 자리 잡는다.
금단증세 withdrawal	투자를 끊었을 때 발생하는 신체적, 정신적 이상 반응으로 의존과 내성을 전제로 하는 상태	잠시라도 투자 행위를 하지 않으면 불안과 초조, 짜증, 우울, 집중력 저하 등 심리적 변화가 일어나는 단계로 긴장과 수면 장애, 식욕 감소 등의 스트레스 반응이 나타난다. 금단증세를 해소하기 위해 다시 위험한 투자에 몰두하려는 강한 충동이 발생한다. 동시에 이전 투자로 인한 손실을 회복하려는 강박적 사고가 나타난다.

우로보로스ouroboros의 띠를 연상시킨다. 투자중독의 자가증식적이고 반복적인 성격은 자기 꼬리를 입으로 물고 있는 우로보로스처럼 끝없이 반복되는 순환이나 자멸적인 과정을 상징한다. 이처럼 투자중

독의 각 단계는 서로 연결되어 있으며, 한 단계가 다음 단계를 촉진하고, 결국 다시 처음으로 되돌아간다. 중독이 끊임없이 반복되는 악순환의 고리가 시작된 것이다.

🔍 치유의 우로보로스

그러면 이 연결고리를 영영 끊을 수는 없는 걸까? 아니다. 전문가의 도움을 통해 중독에서 벗어나는 경험이 가능하다. 전문가와의 상담을 통해 비현실적인 기대와 왜곡된 사고를 바로잡고 금융 리스크관리 전문가의 도움을 받아 투자 한도를 체계적으로 설정하고, 자산을 보호하는 나만의 체계를 만들 수 있다. 투자에 과몰입한 시간을줄이고, 인간관계나 사회활동, 운동과 취미 등 삶의 다른 영역에 균형을 맞추는 노력을 할 수 있다. 투자 행위의 동기를 분석하고, 투자외의 긍정적 보상을 제공할 수 있는 활동을 개발할 수 있다. 금단 상태에서 발생하는 불안과 스트레스를 해소하기 위해 심리치료와 스트레스 관리 기법을 도입할 수 있다.

무엇보다 중독의 사이클과 반대 방향의 사이클이 존재한다는 사실을 인식하는 게 중요하다. 나는 이를 두고 '치유의 우로보로스'라고 부른다. 우로보로스의 상징은 동시에 파괴적 순환에서 벗어날 수 있는 희망도 내포하고 있다. 먼저 우로보로스가 스스로를 물고 있다는 사실을 깨달아야 하듯, 투자중독자는 자신이 악순환에 빠져 있음을 인식해야 한다. 이 지점에서 인지행동치료의 개입이 병행될 수 있다. 더불어 뱀이 꼬리를 놓고 순환을 멈추는 순간처럼, 투자중독의 사이클을 끊기 위한 외부의 도움(전문가 상담, 환경 변화)이 필요하다는 인정 단계가 필요하다. 마지막으로 우로보로스는 순환의 끝에서 새로운 탄생과 성장을 상징하기도 한다. 투자중독을 극복하면 개인은 더 건강하고 균형 잡힌 삶으로 다시 태어날 수 있다.

중독에서 벗어나기 위해 무엇을 해야 할까? 제일 먼저 자신에게 문제가 있다는 사실을 인식하고 인정하는 게 필요하다. 중독은 단순한 행동의 반복이 아니라 심리적, 감정적, 그리고 신체적 의존성을 포함하는 복합적인 문제다. 중독적인 삶에서 벗어나기 위해서는 무엇보다 자기 성찰이 핵심적인 역할을 한다. 흔히 필자는 상담소를 찾은 내담자에게 인생에서 다음 다섯 가지를 주의해야 한다고 말한다. 밤낮이 바뀌는 것, 식음을 끊는 것, 자기 방 안에서 안 나오는 것, 생각해서 답이 없는 문제로 고민하는 것, 문제의 원인을 과거에서 찾는 것이 그것이다.

중독적인 삶을 벗어나려면 나만의 중독 패턴을 인식하고 이를 패턴화하는 게 필요하다. 내담자와 상담하다 보면 대부분 잠을 자지 않는다. 잠을 자더라도 평소 수면의 질이 매우 불량하다. 더 나아가면 먹고 마시는 것을 줄이거나 건너뛰는 일이 빈번해진다. 여기서 더 나아가면 문을 걸어 잠그고 스스로 사회로부터 단절하는 유폐의 과정으로 들어간다. 이런 악순환을 끊으려면 하루 동안의 행동과 감정을 기록하는 일기나 메모, 성찰일지 등을 쓰는 게 필요하다. 글을 쓰면서 자신을 객관화하면 중독 행위를 유발하는 상황과 감정, 사람을 식별할 수 있게 된다. 중독의 트리거를 찾게 되는 것이다. 트리거를 찾으면 이를 제거하여 건강한 일상의 루틴과 습관을 형성하는 게 수월해진다. 이를 위해 규칙적인 운동과 독서 등 취미 활동에 매진하고 균형 잡힌 식사와 충분한 수면을 통해 엔도르핀 분비를 촉진할 수 있다. 이 부분은 매우 중요하기 때문에 뒤에서 자세히 설명하고자 한다. ❖

투자중독의 경제적 접근

불행하게도 중독과 관련된 산업은 오랫동안 지구상에서 가장 수익성이 높은 사업 중 하나였다. 이제껏 인간은 음주와 흡연, 마약과 각종 약물에 손을 대거나, 잭팟을 꿈꾸며 동네 카지노에 가서 바카라를 즐기는 것과 같은, 흔히 악덕의 범주에 속하는 활동들을 버리지 못했다. 상업적 매춘업을 떠받치는 창녀들과 마약상들이 즐비한 다운타운의 골목골목마다 인간들은 순간의 시름을 잊고 일순간 고통과 근심이 없는 파라다이스로 자신을 데려다줄 자기 파괴의 행위에 깊숙이 관여해왔다. 사전적 정의로 볼 때, 악덕은 '도덕적 타락이나 부패, 도덕적 결함이나 실패, 또는 습관적이고 보통 사소한 결점이나 부족'으로 규정된다. 실제로 사회 규범이 제어하고 통제해도 중독을 일으키는 나쁜 습관을 반영하는 활동들을 사회에서 뿌리 뽑지 못한 것은 중독 행위를 본능적으로 쫓는 악덕이 우리 유전자 속에 깊숙이 내장되어 있기 때문일 것이다.

출사표를 던지며 정계에 나서는 모든 정치인들, 사회사업을 공언하며 음지의 성자로 자인하는 성직자들이 즐비해도 지구상 어느 사회 하나 이러한 악덕을 쓸어내지 못했다. 미국 웬만한 도시의 뒷골목을 가보면 더 선명한 전경이 드러난다. 어디를 가나 마약상들이 건네는 형형색색의 향정신성 약물들과 마약들을 손쉽게 접할 수 있다. 그러나 아직 놀라기에는 이르다. 그와 동시에 그와 동일한 마력을 가진 중독성 강한 게임이 오늘도 매일 아침 9시부터 오후 3시까지 합법적인 통로를 통해 이뤄지기 때문이다. 바뀐 것이라고는 꾀죄죄한 마약상과 달리 이들은 검은색 정장에 멋진 넥타이를 매고 열심히 컴퓨터 모니터를 들여다보는 신사들의 차림새를 하고 있다는 것뿐이다.

두 행위는 중독을 일으킨다는 점에서 동일하다. 차이가 있다면 법의 테두리 안에서 이뤄지고 있느냐 하는 것이다. 2013년, 수행된 한 연구에 따르면, 주가가 단순히 우리 경제에 영향을 미칠 뿐만 아니라 신체적으로, 그리고 정신적으로도 깊은 영향을 미친다는 사실을 밝혀냈다. 1987년과 2008~2009년 주식시장이 대폭락을 겪었을 때 정신건강의 악화와 흡연, 음주의 비율이 덩달아 폭등했으며, 알코올이 유발한 치명적인 교통사고도 훨씬 많이 발생했다는 것이다. 연구진들은 다우존스지수의 부침이 실제로 국민 건강에 적잖은 타격을 준다는 사실을 증명한 셈이다. 이러한 결과는 합리적 중독 모델과 같은 소비 행동 모델과 일치하며, 소비와 주가 사이의 연관성을 연구하는 데 중요한 함의를 가진다고 보인다.

투자중독을 치료하기 위해서는 다양한 접근법이 필요하다. 특히 경제적 측면뿐 아니라 환경적, 심리적 측면에서 투자중독을 바라보는 관점의 전환이 필요하다. 내담자들과 상담하다 보면 투자중독은 오로지 경제적 측면에서 바라보는 경우가 적지 않다. 사실 이는 조금만 시간을 내서 우리 일상을 돌아보면 금방 잘못되었다는 사실을 알 수 있다. 오늘날 소셜미디어는 주식시장을 마치 황금알을 낳는 거위로 소개한다. 어디를 가나 부의 사다리가 없는 서민들이 경제적 자유로 나아가는 데 선택할 수 있는 거의 유일한 지름길인 것처럼 묘사된다. 그래서 유튜브에는 빠르게 부를 얻고 재정적 성공을 획득하는 방법으로 주식투자를 권하는 콘텐츠들로 가득 차 있다. 문제는 수익을 거두는 투자자들이 현실적으로 너무 적다는 데 있다. 많은 투자자가 인지적 오류와 심리적 함정에 빠져 주식투자에 매몰되어 자신의 손실을 만회하고 내적 쾌감과 수익의 만족을 느끼기 위해 위험한 투자에 내몰린다. 이러한 상황에서 투자자들은 계획되지 않은 거래의 악순환에 갇히게 되어 종종 자신의 재산과 부채의 규모를 무시하며 비합리적으로 행동한다.

💰 돈에 대한 발상을 바꾸자

우리는 돈을 흔히 통화通貨라고 한다. 돈이 물처럼 흘러 다닌다는 의미다. 영어로도 '흐름'을 뜻하는 '커런시currency'라는 단어를 쓴다. 물이 위에서 아래로 흐르듯 돈도 위에서 아래로 흐른다. 흐르지 않는 돈은 어느 한 부분에 고이게 되고 고인 돈은 썩기 마련이다. 돈이 어떻게 썩느냐 되물을 수 있지만, 엄연히 돈이 이자와 수익을 부른다는 측면에서 썩은 돈은 스스로 이자와 수익을 만들어내지 못하는 돈이다. 돈을 액체로 바라보는 발상의 대전환이 필요한 이유다.

돈을 액체가 아닌 고체로 바라보는 이들은 투자중독에 취약한 사고 구조를 갖고 있다. 흐르는 강물을 막아 댐을 쌓고 하천에 보를 준설하는 것처럼 돈의 흐름을 막고 한곳에 쌓아두는 것이 투자라고 착각한다. 천문학적인 돈을 들여 전국 하천의 하구를 막으면 강물은 녹조라떼로 변한다. 흐르지 않고 저수지에 고여 있는 자산은 모두 썩은 돈이다. 돈을 고체가 아닌 액체로 봐야 한다. 자산이란 마치 돌들을 하나씩 쌓아 올려 만든 성벽이 아니다. 튼튼한 자산은 도리어 그 성벽을 둘러 흐르는 해자처럼 흘러가는 것이다.

　액체적 사고는 돈을 명사名詞가 아닌 동사動詞로 보는 것과 같다. 동사는 기본적으로 문장을 움직이는 품사다. 반면 명사는 수식을 받는 품사에 불과하다. 고정관념을 버리고 유연하게 시장에 대처하는 게 투자자의 덕목이다. 주식이든 펀드든 자산에 중요한 가치 중 하나는 유동성liquidity이다. 말 그대로 현재 내 자산이 시장의 상황에 따라 얼마나 유동적으로 운용될 수 있는지를 말해주는 지표다. 자산을 가치의 손실 없이 얼마나 쉽고 빨리 현금으로 바꿀 수 있는지에 따라 유동성이 높은 금융상품과 유동성이 낮은 금융상품으로 나뉜다. 내가 원하는 시기에 바로 현금화가 가능한 상품은 유동성이 높은 상품이다.

액체적 사고	고체적 사고
돈 = 물 돈은 흐르는 것(투자) 자본에 대한 동사적 사고 돈은 증발하거나 사라질 수 있는 것 투자에 합당한 투자자의 마인드	돈 = 돌 돈은 쌓는 것(저축) 자본에 대한 명사적 사고 번 돈은 사라지지 않는 것 투자를 싫어하는 노동자의 마인드

🔍 돈과 함께 시간의 레버리지를 고민하자

인간에게 본질적으로 투자 수단은 두 가지 밖에 없다. 바로 시간과 돈이다. 많은 이들이 투자 수단으로 돈은 당연한 것으로 여기지만, 시간에 관해서는 생뚱맞게 받아들이는 경우가 많다. 얼마 안 되는 푼돈을 아끼기 위해 시간을 버리는 사람들이 주변에 많은 이유는 우리가 투자 수단의 하나로 시간을 대수롭지 않게 여기기 때문이다. 택시비 5천 원을 아끼기 위해 미팅 장소까지 30분 넘는 거리를 걸어가야 할까? 사실 돈보다 시간이 더 중요한 자본이다. 돈은 상속이나 복권 당첨금을 제외하고 절대 공짜로 주어지지 않지만, 시간은 부자건 가난한 사람이건 모든 사람을 가리지 않고 매일 공짜로 주어지기 때문이다. 그래서 우리는 평소에 시간의 중요성을 과소평가한다.

"땅 파봐라. 돈 나오나."라는 말을 듣고 자란 세대로 공짜 돈이란 게 무료 도시락처럼 매우 드문 경우란 걸 필자는 너무 잘 알고 있다. '시간은 금이다.'라는 격언은 진부한 표현이지만 더 없이 중요한 진리를 담고 있다. 모든 사람에게 주어진 하루 24시간이라는 시간의 자산은 빈부와 귀천의 구분 없이 동일하다. 우리의 10분이 대기업 총수의 10분과 동일한 가치를 가질까? 길을 가다가 만 원짜리 한 장을 주웠다면 우린 이게 웬 떡이냐 좋아하겠지만, 메피스토펠레스가 돈과 시간 중에서 딱 하나만을 선택하라고 요구한다면 세계적인 기업의 CEO는 아마 후자를 선택할지 모를 일이다. 그만큼 시간은 절대적으로 중요한 자산이다.

흔히 '돈의 노예'라는 말이 있다. 돈이라는 차꼬를 달고 한 달에 한 번씩 들어오는 월급에 의지해서 근근이 살아가는 사람은 돈줄이 마르는 순간 바로 아사한다. 그러나 더 무서운 노예는 자신의 시간을 빼앗긴 노예다. 돈을 잃는 건 사실 적게 잃는 것이다. 잃은 돈은 다시 벌면 되기 때문이다. 돈을 잃는 것보다 더 끔찍한 건 오늘날 직장인들이 그 돈을 벌기 위해 시간을 잃고 있다는 사실이다. 자신의 시간을 회사에 저당 잡힌 노동자들은 가족들과 함께 저녁을 먹고 같이 TV를 보는 삶, 자녀가 성장하는 모습을 바라보는 삶이 애초에 불가능하다. 어쩌면 이들이야말로 진정한 노예가 아닐까? 어떤 의미에서 돈의 노예는 돈에 얽매여 있는 사람이 아니라 돈 때문에 자신의 시간을 강탈당한 사람이다. 그래서 돈의 노예의 반대말은 돈의 자유인이 아니라 시간의 자유인이다.

재정 상태를 점검하고 계획을 세우자

투자중독에 휘둘리는 투자자는 자신의 재정 상태를 명확히 파악하고, 이를 기반으로 실질적인 재정 계획을 수립해야 한다. 전문가의 도움을 받아 현재 자산과 부채, 수입, 지출을 평가하고, 불필요한 투자활동을 줄이기 위한 예산을 설정하는 것이 무엇보다 유용하다. 투자 중독자들은 종종 시장에 대한 비합리적 기대를 가지고 있기 때문에 올바른 투자 원칙, 이를테면 분산투자나 장기적 관점, 리스크 관리 등을 배우면서 충동을 다스릴 수 있다. 투자 충동을 줄이려면 지푸라기라도 잡는 심정으로 무엇이든 해봐야 한다. 자산 관리 애플리케이션이나 자동화된 저축 및 투자 계획을 도입해본다. 휴대폰에서 앱을 지우는 결단이 필요할 때도 있다. 우스갯소리겠지만 버핏이 한때 "주식을 묻어놓고 10년 동안 기억상실증에 걸리거나 아예 식물인간이 돼서 깨어나는 게 좋을 때도 있다."고 말할 정도로 충동을 제어하는 게 어려울 수 있기 때문이다.

사계절투자로 유명한 레이 달리오는 인생에서 원하는 것을 얻기 위해 다섯 가지 원칙을 정했다. 첫 번째는 분명한 목표를 설정하는 것이다. 투자도 분명한 목표를 가져야 한다. 막연하게 부자가 되고 싶다는 것으로는 충분하지 않다. 두 번째는 목표를 달성하는 데 방해가 되는 문제를 찾아내고 해결하는 것이다. 환경이 문제라면 환경을 바꿔야 하고, 철학이 문제라면 철학을 바꿔야 한다. 여기서 문제해결은 거창한 게 아니다. 사소한 일상의 문제부터 용인하지 않는 자세를 말한다. 세 번째, 근본적 원인을 찾아내기 위해 문제들을 정확하게 정의하고 진단하는 것이다. 바꾸려면 알아야 한다. 네 번째,

문제를 해결할 계획을 세우는 것이다. 정의와 방향이 정해졌다면 이제 행동으로 옮겨야 한다. 다섯 번째, 계획을 완수하고 성과를 이루기 위해 필요한 것을 실천하는 것이다. ❖

투자중독의 환경적 접근

인간은 환경의 동물이다. 인간이 환경을 만들기도 하지만, 환경이 인간을 빚기도 한다. 인간은 선천적으로 타고난 특성도 있지만, 후천적으로 환경에 의해 만들어지는 특성도 함께 갖고 있기 때문이다. 필자는 아직도 갖고 있는, 남편이 이해하기 난해한(?) 버릇들이 있다. 대체 이 요상한 버릇은 어떻게 생겨난 걸까? 하루는 대부분의 버릇이 어렸을 때 만들어졌다는 걸 깨달았다. 나야말로 환경의 동물임을 온몸으로 입증하고 있는 셈이다. 중독 역시 마찬가지다. 중독에는 분명 유전적인 요인이 존재하지만, 그것만으로 다 설명되지 않는 중독의 후천적 메커니즘이 존재한다. 특히 중독을 부르는 환경이 따로 있다는 학자들의 주장이 점점 더 설득력을 얻고 있다.

투자중독은 사회 환경적 요소도 무시할 수 없다. 애초에 경제는 사회 문제며, 나아가 정치와 문화 전반에 막대한 영향력을 행사하는 요소다. 무산자는 하루 벌어 하루 먹고살기 바쁘기 때문에 기껏해야 매달 월급의 일부를 모아 산술급수적으로 재산을 누적하는 행태를 보인다. 당연히 정보의 비대칭성과 사회 구조적인 문제를 잉태하는 기회의 불평등으로 인해 무산자는 유산자가 투자를 통해 자신의 자산을 기하급수적으로 증식하는 과정에서 소외될 수밖에 없다. 일부 투자자들은 자본 시장에 진입하기 위한 충분한 투자 교육을 받지 못했으며, 주식시장이 갖고 있는 근본적인 위험과 변동성에 대한 철저한 이해가 부족하다.

우리의 시각을 넓혀 세계 경제를 들여다보면, 개발도상국의 투자자들은 재정 문제와 경제적 변동성에 대한 이해 부족으로 많은 경우 선진국의 착취 대상이 될 수밖에 없다. 이는 OECD 국가의 평균 자산증식의 과정에서 주식투자가 차지하는 비율이 나라의 GDP 대비 천양지차를 보이고 있는 통계로 증명 가능하다. 결국 주식투자에 대한 과학적 논의나 산술적 경험, 논리적 분석이 부재하면서 비합리적 사고가 투자자의 결정에서 더욱 두드러지게 나타난다. 이미 오래전부터 세계 자본 시장의 쏠림에 대한 비판이 제기되어 왔으나, 현실적으로 신자유주의와 보호무역주의로 무장한 선진국들의 막강한 공세에 제3세계의 투자 시장은 무기력하게 당할 수밖에 없었다.

투자중독의 환경적 원인

중독에 있어 유전적 요소만큼이나 환경적 요소도 보아야 한다고 주장하는 대표적인 학자가 바로 로버트 주커Robert A. Zucker다. 그는 알코올중독을 네 가지 유형으로 나누어 설명했는데, 이 중 아동기 성장 과정 중 사회 문화적으로 음주를 허용하는 분위기에서 자란 남성에게서 훗날 알코올 의존으로 발전한 중독 유형을 특정했다. 주커는 이런 유형을 '발달누적형 중독'으로 명명했다. 그렇다면 동시에 중독을 피할 수 있는 환경도 있지 않을까? 단주에 유리한 환경이 중독에서 벗어날 수 있는 기회를 제공하기도 하는데, 주커는 은퇴 이후 사회관계가 점차 줄어들면서 자연스럽게 술을 줄이는 형태를 '발달제한형 중독'으로 규정했다.

이와 비슷하게 중독의 환경적 요인을 언급한 학자로는 미국 워싱턴대학교의 로버트 클로닝거C. Robert Cloninger가 있다. 그는 음주 관련 증상, 양육 환경과 가족력, 성격적 특성 및 음주 형태 등을 다각도로 고려하여 알코올중독을 I형과 II형 두 가지 형태로 구분했다. 이 중에서 그는 환경적 요인으로 발생하는 알코올중독을 I형으로 특정했다. 유전적 요인으로 발생하는 II형 알코올중독과 달리 전자는 알코올중독에 취약한 가정환경에서 자란 아이가 성인이 되면서 자연스럽게 알코올을 용인하는 술문화에 더 관대하다는 연구결과로 입증되었다.

이처럼 투자중독 역시 환경적 요인을 무시할 수 없다. 다만 앞서 언급했던 물질중독과 달리 투자중독에 취약한 환경은 성장 배경이나 양육 방식, 가정의 분위기보다는 개인이 놓인 사회적 지위와 주변 분위기를 의미한다. 이 말은 투자중독에 쉽게 노출될 수 있는 환경이 따로 있다는 것이다. 반대로 이 환경만 잘 다스리면 얼마든지 투자중독의 늪에서 벗어날 수 있다는 의미이기도 하다. 결국 환경을 어떻게 바꾸느냐는 투자중독을 극복하는 데 첫 번째 스텝일 수 있다.

환경이 바뀌어야 한다

'세상을 바꾸려고 들기 전에 방 청소 먼저 하라.'는 말이 있다. 환경적 변화는 투자중독을 해결하는 첫 단계라고 할 수 있다. 제일 먼저 모바일에서 주식 시장 관련 앱을 지우는 것이다. 휴대폰을 보자마자 마주치는 주식 관련 뉴스피드, 유튜버의 주식 추천, 주가 알림 등은 투자중독자에게는 주식투자를 떠올리는 트리거가 된다. 실시간 울리는 알람과 팝업창은 올바른 결정보다 충동적 투자를 부추길 수 있다. 필자가 상담한 내담자들 중에는 상담을 진행하는 와중에도 띵동 알림이 와서 곁눈질로 계속 들여다보는 분들도 있다. 모바일 앱을 지울 수 없다면 최소한 주식 뉴스 앱이나 추천 앱, 뉴스피드의 알림 설정을 제거해야 한다.

두 번째로 앱에서 주문 설정에 제한을 걸어두는 것이다. 습관적으로 주식 거래 앱을 들어가는 것은 투자 욕구를 줄이는 데 거의 도움이 되지 않는다. 특히 암호화폐 거래소는 하루 24시간 내내 열려 있기 때문에 원하면 언제 어디서나 매수와 매도를 진행할 수 있다. 마음만 먹으면 앱에 들어가서 제한 주문을 걸거나 지정가 주문GTT 기능을 사용할 수 있다. 주식의 제한 주문은 매수 매도 목표 가격을 설정함으로써 주가를 지속적으로 추적하려는 욕구를 없애줄 수 있다. 또한 GTT는 지정가를 걸어놓는다는 점에서 제한 주문과 유사하다. GTT는 설정한 가격에 주문이 자동으로 들어가도록 해서 투자자가 쓸데없이 주식투자에 골몰하지 않도록 만들어준다.

제일 중요한 것은 내 주변에서 주식투자를 연상시키는 물건을 치우는 것이다. 사용하는 업무용 PC에서 주식창을 볼 수 없도록 락을 걸어놓거나 검색되지 않도록 팝업을 차단할 수 있다. 주식 관련 책이나 투자서, 증권사에서 받은 메모지 한 장이라도 책상 위에 남겨두지 않는다. PC에서 쿠키 삭제를 지정해서 쓸데없이 알고리즘을 타고 뜨는 팝업창을 깡그리 제거한다. 그리고도 직성이 풀리지 않으면 폰에 있는 불필요한 투자 앱들을 제거한다. 눈에서 멀어지면 마음에서 멀어지는 법이다. 한동안 보지 않는 것도 도움이 될 때가 있다.

투자중독은 누구에게나 일어날 수 있다. 성공이 도리어 독이 될 수 있다. 아마 독자는 말도 안 되는 소리라고 이 말을 내칠지도 모르겠다. 그러나 초기 성공을 경험한 투자자가 초기 실패한 투자자보다 투자중독에 더 쉽게 빠진다는 연구 결과가 있다. 새롭게 투자에 발을 들여놓은 투자자들은 초기 한두 번의 자잘한 수익을 경험한 후 주식시장에서 더 많은 시간을 보내는 것으로 확인되었다. 일정 수준의 지식에 도달하면, 주가를 추적하는 데 더 많은 시간을 보내는 것이 추가적인 수익을 가져다주지 않는다. 주가를 추적하는 데 너무 많은 시간을 보내면 의사결정에 부정적인 영향을 미친다는 사실을 잊어선 안 된다. 물론 주식에 대해 배우는 데 너무 적은 시간을 보내는 것도 위험하긴 마찬가지다.

인간은 환경의 동물이다. 주변이 인물을 만들고, 자리가 사람을 만든다. 투자에서는 특히 환경을 바꾸는 노력이 절실하다. ❖

소음 줄이기 (정보 과부하 방지)	정보 필터링: 신뢰할 수 있는 몇 개의 정보 출처를 정해놓고, 그 외의 불필요한 정보는 차단함. 소셜미디어와 유튜브 차단: 중요한 투자 결정을 내릴 때는 잠시 이러한 정보로부터 거리를 둠.
명확한 타깃	투자 계획 수립: 자신의 투자 목표와 전략을 구체적으로 설정함. 자동화된 투자 환경: 자신의 감정에 휘둘리지 않도록 앱 설정과 리밸런싱 설정, 정기 적립식 투자 등 투자 자동화를 활용함.
시공간 분리	투자 공간 마련: 투자와 관련된 물리적 공간을 따로 마련함. 정해진 시간에만 투자: 정해진 시간에만 주식시장을 확인하고, 나머지 시간에는 투자에 집중하지 않음. (시간제한)
집단 압력 피하기	독립적인 판단: 주식투자에 있어서는 사회적 압박을 피하는 것이 중요하며 다른 사람의 투자 결과를 신경 쓰지 않고, 자신의 전략과 목표에 맞게 투자함. 지지하는 사람들과의 대화: 투자에 대해 신뢰할 수 있는 사람들과 의견을 나누되, 그들의 의견에 영향을 받기보다는 정보를 교환하는 정도로 활용함.
감정적 환경 통제	스트레스 관리: 투자에 대한 스트레스나 불안을 관리하기 위한 운동, 명상, 취미생활을 활용함. 전문가의 도움: 투자 결정을 내릴 때 감정적으로 과도하게 반응하지 않도록 자신을 점검하는 시간을 상담사와 가짐.
자기계발	지속적인 학습: 투자 관련 책, 팟캐스트, 세미나 등을 통해 지식을 지속적으로 확장함. 멘토와의 대화: 경험이 풍부한 투자자나 멘토, 상담사와의 정기적인 대화도 도움이 될 수 있음.

투자중독의 심리적 접근

2022년, 이란의 한 대학교 연구팀은 이란 사회에 편만한 경제 문화, 특히 돈에 대한 그릇된 믿음의 영향이 투자중독을 부추겼다는 사실을 밝혀냈다. 설문을 통해 수행된 연구에서 물신숭배와 돈의 지위에 대한 사회적 믿음이 투자중독에 깊은 영향을 미쳤고, 경제적 회피에 대한 믿음은 투자중독에 영향을 미치지 않는 것으로 나타났다. 연구팀은 돈에 대한 믿음이 개인이 평생 동안 경험한 환경과 상황, 그리고 재정 사회화 과정에서 형성된 재정적 가치와 규범에 의해 형성된다고 보았다. 이러한 상황에서 일부 돈에 대한 왜곡된 믿음과 인지적 오류는 성공에 대한 막연하고 비현실적인 기대를 설정하고, 여기에 투자자들이 빠른 이익만을 추구하면서 자본 시장의 냉엄한 현실을 무시하게 만든다. 간단히 말해, 투자에서 가장 기본적인 요소 중 하나는 이익 실현과 손실 중지를 평가하는 것인데, 돈에 대한 왜곡된 믿음을 가진 이들은 이를 쉽게 간과한다는 것이다.

심리적 관점에서 볼 때, 주식투자는 도박과 유사하다는 게 뇌과학자들의 전반적인 주장이다. 실지로 주식투자는 뇌 내 보상회로에서 쾌감과 보상의 감각을 유발하는 과정이 도박의 그것과 유사하다. 2016년, 프랑스 낭트 의과대학 연구팀은 논문에서 투자중독이 도박장애로 분류될 수 있을 가능성이 있다고 주장했다. 이 연구에 따르면, 투자중독자는 도박꾼처럼 재정 계획이 부족했으며 수익에 매몰되어 리스크에 대한 민감성이 떨어졌고, 결국 손실을 만회하기 위해 통제력을 잃었다는 것이다. 마찬가지로 2021년 오스트리아 인스부르크대학 연구팀은 「카지노로서의 주식시장The stock market as a casino」이라는 도발적인 논문을 발표하여 주식시장의 거래 빈도와 도박 간의 연관성을 조사했다. 그들은 거래에 자주 참여하는 투자자들이 유사 도박 행동도 보인다고 지적하며, 도박중독과 주식시장 거래 빈도 간의 관계가 있다는 가설을 입증했다.

만약 투자중독이 도박중독과 유사한 메커니즘으로 돌아간다면, 우리에게 시사하는 바가 크다. 도박중독을 치료하는 원천적인 방향성에서 투자중독의 접근법도 일부 찾을 수 있을 가능성이 있기 때문이다. 애초에 투자중독자들은 돈을 벌기 위해 투자에 진입하는 게 아니라 파괴적인 감정과 상실감, 낭패감을 일시적으로 완화하기 위해 투자를 진행한다. 이는 투자중독자들 사이에서 흔히 발견되는 사실이기도 하다. 2016년에 행해진 한 연구에 따르면, 초기에 운 좋게 한두 번 작은 수익을 거둔 이후 투자중독에 빠진 거래자들이 시간이 갈수록 더 크고 위험한 투자를 감행하는 경향이 있다고 한다. 결국 운에도 수명이 있기 때문에 갈수록 투자금을 잃을 확률이 높아지기 마련이다.

돈에 대한 네 가지 믿음

앞서 언급했던 이란 연구팀은 돈에 대한 믿음을 네 가지 유형으로 나누었는데, 돈 회피, 돈 숭배, 돈 지위, 돈 경계가 그것이다. 그들은 제일 흔히 발견되는 믿음으로 돈 회피money avoidance라는 신념을 꼽았다. 돈 회피 신념은 돈을 본질적으로 악하고 부패한 것으로 정의한다. 이 신념의 가장 흔한 예가 성서에 등장한다. '돈을 사랑함이 일만 악의 뿌리가 된다.'(디모데전서 6장 10절) 우리 속담 중에서 '황금 보기를 돌 같이 하라.' 같은 말들이 이러한 돈 회피 신념을 드러내는 문장일 것이다. 돈 회피 신념은 보통 낮은 소득과 자산을 가진 사람, 미혼 남녀, 젊은이들이 품고 있는 경제관이다. "돈이 인생의 전부가 아니야." "나한테는 돈이 중요하지 않아." 같은 말을 습관처럼 입에 달고 산다. 이처럼 돈 회피 신념을 가진 이들은 돈을 일반적으로 두려움, 불안 또는 혐오를 초래하는 힘으로 여긴다. 흥미로운 것은 돈 회피 신념이 도박중독이나 일중독, 강박적 구매에 노출될 위험이 더 크다는 사실이다.

두 번째 믿음은 돈 숭배money worship라는 신념이다. 이 신념은 인류 문명사에서 오랜 역사를 갖고 있다. 물신숭배가 대표적인 사례다. 이 신념을 가진 사람들은 돈만 많이 벌면 지금 안고 있는 모든 문제가 해결될 것이라고 믿는다. "돈이 최고야." "돈만 많으면 얼마나 좋을까?" 같은 말을 습관처럼 입에 달고 산다. 이들은 돈에 대한 만족을 모른다. 돈 숭배자들은 결코 충분한 돈을 벌 수 없으며, 돈이 없기 때문에 행복은 저 멀리 손이 닿지 않는 곳에 있다고 느낀다. 그들은 한 번도 돈이 많았던 적이 없었기 때문에 행복도 모른다. 하지만 일부 연구에 따르면, 더 많은 돈을 갖는 것과 행복은 아무런 관련이 없다. 돈 숭배 신념은 투자에 있어서 과도한 위험 감수와 도박과 같은 재정적 장애로 이어질 수 있다.

세 번째 믿음은 돈 지위money status라는 신념이다. 이 신념은 신자유주의가 낳은 풍조라고 할 수 있다. 돈이 곧 사회에서 지위를 결정한다고 믿기 때문이다. 이들은 돈이 봉건주의 계급 사회를 대체하는 새로운 지위를 가져다주며 사회 경제적 계층간 뚜렷한 구분선이 된다고 생각한다. 돈 지위 신념은 자신의 사회경제적 지위를 높이려는 강한 동기를 일으킨다. 동시에 돈을 벌 수만 있다면 뭐든지 할 수 있다는 적극성을 보인다. 그러나 이는 또한 사람들이 더 빨리 부자가 되기 위해 주식시장에서 너무 위험한 투자에 참여하거나 리스크와 변동성을 무시하고 불규칙한 재정 행동에 빠질 위험을 높인다.

마지막으로 돈 경계money vigilance라는 신념이 있다. 돈은 양날의 검과 같다. 칼을 누가 쥐고 있는가에 따라, 칼을 어떤 목적으로 휘두르냐에 따라 강도의 무기도 될 수 있고 의사의 메스도 될 수 있다. 날카로운 부분을 조심해서 다루되 필요하다면 과감한 행동도 필요하다. 돈 경계 신념을 가진 사람들은 저축이 미래에 필수적이라고 굳게 믿으며, 재정에 대해 플랜을 짤 때 더 신중함을 보인다. 돈 경계 신념은 재정적 고통을 예방하고 최소화하는 데 몰두하며, 이러한 신념을 가진 사람은 주식투자나 다양한 재정 계획에 참여하려고 한다. 돈 경계 신념에 대한 연구에 따르면, 돈 경계 신념을 가진 사람들은 평균적으로 더 높은 수입과 순자산을 가지고 있다. 이 신념을 우리는 애널리스트에게서 종종 발견할 수 있다. 어쩌면 돈에 대해 가장 건전한 신념이라고 할 수 있다. 이처럼 돈에 대한 신념은 사람들의 사회관계와 상호작용, 교육 및 경험으로 인해 한 사람의 사고방식에 장착된다. 이를 도표로 정리하면 다음과 같다.

돈 회피 신념 money avoidance	투자중독의 가능성 ↓	돈 = 일만 악의 뿌리
돈 숭배 신념 money worship	투자중독의 가능성 ↑	돈 = 모든 문제의 만능열쇠
돈 지위 신념 money status	투자중독의 가능성 ↑	돈 = 지위이자 계급의 척도
돈 경계 신념 money vigilance	투자중독의 가능성 ↓	돈 = 칼(어떻게 다루느냐)

인지행동치료의 용도

심리적 조언과 상담, 치료에는 다양한 접근이 활용되고 있는데, 정신역동적 접근이라든지 인본주의적 접근, 행동주의적 접근 등이 현장에서 비교적 가장 흔하게 거론된다. 심리치료는 투자중독의 근본 원인을 해결하고, 장기적인 회복을 가져오는 데 필수적이다. 이때 생각해볼 수 있는 치료가 인지행동치료CBT다. 인지행동치료는 심리치료의 한 형태로 개인의 생각이나 감정, 행동이 인지 왜곡으로 발생한다는 전제로 출발한다. 치료 과정에서 내담자는 상담자의 도움으로 자신의 부정적인 사고 패턴을 스스로 인식하고, 이를 도전하고 수정하는 방법을 배울 수 있다. CBT는 부정적인 감정이나 생각을 바꾸기 위해 행동을 변화시키는 데 중점을 둔다. 투자중독을 일으키는 인지 왜곡을 직면하고 이를 바꾸어 새로운 행동을 도입하는 과정으로 되어 있다. 필자 역시 상담소를 운영하면서 투자중독으로 고민하는 많은 내담자에게 인지행동치료를 국내 실정에 맞게 응용한 필자만의 프로그램으로 도움을 주고 있다.

CBT는 미국의 정신과 의사 아론 벡Aaron Beck에 의해 시작되었다. 아론 벡은 1946년 예일 의과대학을 졸업한 뒤 1954년 펜실베이니아대학교 정신과학과에 합류했으며, 인지행동치료를 주창한 학자로 유명하다. 그는 오랜 임상 경험을 통해 우울증으로 고통 받는 많은 환자가 잘못된 가정과 왜곡된 사고, 그릇된 믿음을 기반으로 행동하고 있다는 사실을 발견하고 이들의 인지 과정을 교정하는 것이 치료에 제일 중요한 과제가 된다고 판단했다. 먼저 벡은 이러한 왜곡된 사고 패턴을 환자들의 증상과 연결 지었고, 그들의 사고를 바꿔주면 증상도 드라마틱하게 사라질 수 있다는 가설을 세웠다. 다시 말해, 우리의 사고 패턴과 자신 및 주변 세계에 대한 신념이 실제 우리의 경험을 이끈다는 생각이다. 이것이 오늘날 우리가 알고 있는 CBT의 출발이다.

이 과정에서 일반적인 연구 초점에 따라 벡은 심리학에서 가장 많이 사용되는 두 가지 중요한 척도를 개발했다. 벡우울증척도BDI와 벡절망척도BHS가 그것이다. 이 척도들은 우울증 증상과 자살 위험을 평가하는 데 사용되며, 원래 개발된 지 수십 년이 지난 지금도 여전히 적용되고 있다.* CBT는 특정 상황에서 즉각적으로 떠오르는 자동적 사고automatic thoughts에 집중한다. 내담자는 자신의 자동적 사고를 기록하고, 이를 검토하여 더 현실적이고 긍정적인 사고로 대체하는 연습을 수행한다. 동시에 개인의 경험과 가치관, 신념 등을 바탕으로 형성된 스키마schema를 탐색하고 더 건강한 감정과 행동을 개발하도록 돕는다.

인지행동치료는 개인상담, 집단상담, 가족상담에 모두 활용될 수 있으며, 중독의 원인부터 행동수정에 이르기까지 상담자가 모든 과정에 개입한다. 보통 CBT는 소크라테스의 대화법, 산파술에 비유되곤 하는데, 대화와 질문을 통해 환자가 가진 왜곡된 사고와 행동 패턴을 읽어내고 이를 적극적으로 보여 줌으로써 치료의 단서를 잡는다. 상담자가 환자에게 중독에 관한 새로운 신념과 행동들을 가르칠

---

* 벡우울증척도(BDI)는 우울증을 평가하기 위해 개발된 자가 보고식 척도로 총 21개 항목으로 구성되어 있으며, 각 항목당 0에서 3까지의 점수로 평가한다. 벡절망척도(BHS)는 주로 우울증 환자나 자살 위험이 있는 개인의 절망감을 평가하기 위해 개발된 척도로 총 20개 항목으로 구성되어 있으며, 각 항목은 '예'와 '아니오'로 응답할 수 있다.

때 일방적인 강의나 설교보다는 쌍방적인 질문이나 대화를 사용하는 이유가 여기에 있다. 자세한 내용은 필자의 책『중독』을 참고하기 바란다.

자동적 사고	스키마
과도한 기대: "이번 투자에서 큰 수익을 내지 못하면 이번 생은 망하는 거다."	성공에 대한 신념: "부자가 되는 것이 인생 유일의 목표다."
위험 회피: "내가 지금 투자하지 않으면 기회를 영영 놓칠 것이다."	자기 가치: "내 가치는 얼마나 많은 돈을 벌 수 있는가에 달려 있다."
자기 비하: "나는 인생에서 항상 잘못된 결정을 내려왔다."	왜곡된 세계관: "세상은 돈으로 모든 것이 평가되고 돈으로 행복을 살 수 있다."

CBT의 관점에서 투자중독은 자동적 사고와 스키마, 그리고 행동 패턴의 상호작용으로 이해될 수 있다. 자동적 사고는 투자에 대한 불안감이나 강박적인 행동을 유발할 수 있으며, 이는 스키마를 구성하여 일상에서 그릇된 행동 패턴을 낳는 악순환을 일으킨다. 내담자는 상담을 통해 자신의 자동적 사고를 기록하여 부정적 사고가 스키마로 이어지는 것을 끊는 인지 훈련을 해야 하며, 더 현실적이고 긍정적인 사고로 대체하는 연습을 통해 행동 패턴을 바꾸어야 한다. 강박적으로 거래를 진행하거나, 시장을 지속적으로 모니터링하는 행동, 투자 관련 정보를 과도하게 수집하거나, 소셜미디어에서 투자

관련 내용을 끊임없이 확인하는 행동을 인식하고 대체 행동을 개발하는 것이 중요하다. 아예 직접적으로 투자 행위를 제한하거나, 다른 취미나 활동에 시간을 할애하는 방법을 모색할 수 있다.

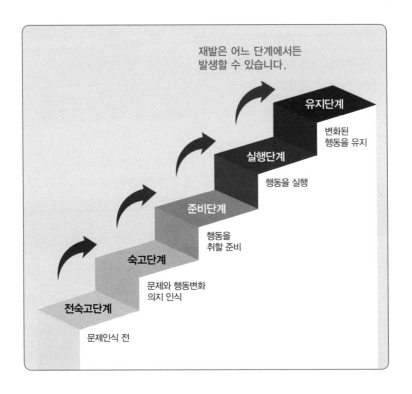

투자중독에도 극기복례가 필요하다. 충동적 행동을 억제하는 데 도움이 되는 자기통제의 훈련이 필요하며, 이를 위해 명상이나 마음챙김, 심호흡 기법을 활용할 수 있다. 동시에 재정적 성공 외의 삶의 목표를 재정립하는 것도 필요하다. 건강이나 가족, 자기계발 등 인생에서 돈 이외에 중요한 가치들을 탐색하고 추구할 수 있도록 하기 위해 필요하다면 투자중독자를 위한 지원그룹이나 자조모임, 중독 치료 프로그램에 참여하여 비슷한 경험을 공유하고 지지를 얻을 수 있다. 투자중독은 경제적, 환경적, 심리적 요인이 복합적으로 작용하여 발생하므로, 이들 요소를 통합적으로 다루는 것이 효과적이다. 환자의 개인적 상황과 중독 정도에 따라 맞춤형 접근이 필요하며, 이 과정에서 전문가와의 협력은 제일 중요한 디딤돌이 될 것이다.❖

새로운 영역: 암호화폐 투자중독

노벨경제학상을 수상한 폴 크루그먼은 2013년 한 언론과의 인터뷰에서 "비트코인은 악$_{evil}$이다."라고 말했다. 마치 조지 부시 전 미국 대통령이 미국의 안보를 위협하는 국가들을 '악의 축'이라 선언한 것과 같은 수위의 혐오감을 암호화폐에 노골적으로 표현한 것이다. 그는 "투기 수단 외에 암호화폐가 사용되는 곳은 고작 돈세탁이나 해커의 금품 요구 같은 불법적인 분야뿐"이라고 일갈했다. 당시 그의 사자후에 쾌재를 부르던 투자자는 거의 없었다. 왜냐하면 당시만 하더라도 비트코인이 뭔지 대중 대부분이 전혀 몰랐기 때문이다. 어쩌면 그렇게 말했던 크루그먼 자신도 비트코인에 대해 기술적으로 무지했는지 모른다.

하지만 2018년 인터뷰에서 크루그먼은 또 다른 언론과의 인터뷰에서 비트코인에 대해 180도 전혀 다른 평가를 내놓았다. "금은 죽었다. 비트코인이야말로 금보다 유용성이 크고, 앞으로 가치 있는 자신이 될 가능성이 크다." 냉탕과 온탕을 오가는 이러한 발언들로 투자자들은 혼란스러워 했다. 빌 클린턴 정부 때 백악관 경제자문위원회 자문위원을 맡았던 경력으로 유명한 뉴욕대 누리엘 루비니 교수 역시 암호화폐에 대해 가장 극렬한 반대를 표명해온 경제학자 중 하나다. 그는 틈이 날 때마다 여기저기서 "비트코인은 아무 짝에도 쓸모없다."고 혹평해왔다. 그런데 그도 2018년에 가서는 "비트코인이 가치를 저장하는 기능이 있다는 사실을 인정하지 않을 수 없다."고 밝혀 세간의 주목을 끌었다.

이름만 대면 누구나 알만큼 대단하신 경제 전문가들이 왜 이렇게 한 입으로 두 말을 하는 걸까? 이는 비트코인이 갖고 있는 이중적 특성을 적나라하게 보여주는 매우 단순한 예에 불과하다. 비트코인, 아니 암호화폐는 그 자체로 모순덩어리다. 일상에서 껌 한 통 살 수 없는 수준의 느려 터진 거래 시간을 보여주면서도 실체도 실물도 없는, 오로지 디지털 상에서 존재하는(이 말은 가상에서 존재한다는 말과 크게 다르지 않다!) 동전 하나가 시장에서 1억 이상에 팔리고 있다. 수익이 있는 곳에 세금이 존재한다는 조세 정책을 정면에서 거스르며 주식 거래에 합법적으로 붙이는 세금을 아직까지 암호화폐 거래에는 부과하지 못하고 있다. 코인투자로 일확천금을 거둘 수 있는 부의 사다리를 오를 수 있으면서 동시에 코인투자로 중독의 나락으로 떨어져 일상적인 삶이 불가능할 수도 있다. 어쩌면 암호화폐는 지킬과 하이드처럼 두 개의 본성을 갖고 있는 존재일지 모른다.

코인시장의 무시무시한 변동성

"에이, 그것밖에 못 먹었어?" 코인투자로 10% 이익을 얻었다고 말하면 흔히 듣는 반응이다. 코인생태계는 극악한 변동성으로 유명하다. 웬만한 나라들의 주식시장을 모두 추월할 만큼 커다란 시총을 가리키고 있는 코인시장은 하루 24시간 1분 1초가 변동성과의 전쟁을 벌이고 있다. 2010년, 비트코인 하나가 고작 1달러 언저리를 맴돌던 시절을 떠올리면 지금은 아무도 상상할 수 없었던 일이 벌어지고 있는 셈이다. 2010년 5월만 하더라도 비트코인 일만 개로 피자 두 판을 구매할 수 있을 정도로 미미한 가치를 지녔던, 그래서 프로그래머들 사이에서 디지털 장난감 취급을 받았던, 어쩌면 스캠에 가까운 수준의 실험적 통화에 불과했으니 오늘날 비트코인이 이끌고 있는 시총의 위용을 볼 때 가히 상전벽해가 따로 없을 수준이다.

지금 시장가치로 계산하면, 피자 한 판에 2천억이 넘는 가격을 주고 사먹은 셈이다.

물론 비트코인이 언제나 상승만 기록했던 건 아니다. 여러 번 오르고 내리고를 반복하는 롤러코스터와 같은 장세를 그려왔다. 끝 모르게 오를 것 같던 비트코인 가격이 2018년 12월에 들어서면서 암호화폐 역사상 두 번째로 큰 낙폭을 기록하면서 하루아침에 시가총액의 30조 원이 허공으로 사라졌다. 하락장이 연일 이어지며 시쳇말로 '존버'를 택하던 일부 개인 투자자 중에는 자포자기의 심정으로 눈물을 머금고 손절매를 단행하는 이들이 속출했다. 바닥없이 더 떨어질 것 같은 공포감 때문에 합리적인 의사결정을 하지 못하고 보유한 코인을 거래소에 마구 던지는 소위 '패닉셀'에 빠지는 이들도 있었다.

하지만 2020년, 코로나 팬데믹이 전 세계를 강타하자 경제가 불안정해지며 비트코인은 다시 오르기 시작했다. 그렇게 우상향 행보는 2021년 4월에 접어들면서 8천만 원대를 넘어서 계속되었다. 이 시기에는 기관 투자자들의 관심이 증가하면서 비트코인이 '디지털 금'으로서 취급받기 시작했다. 필자 역시 이 시기에 코인투자를 하기 시작했다. 2022년, 금리 인상과 인플레이션 우려 등으로 비트코인 가격이 다시 하락세를 보이기도 했지만, 이듬해부터 비트코인 ETF가 승인되고 반감기까지 겹치며 드디어 1억의 고지를 넘어섰다. 이 글을 쓰고 있는 현재 1 비트코인이 1억3천만 원을 오가고 있다.

이더리움은 더욱 극적이다. 2018년, 비트코인 상승장에 편승하여 이더리움 가격도 급등했지만, 암호화폐 붐이 꺼지며 한때 15만 원 선까지 추락하는 널뛰기 장세를 보였다. 이후 오랫동안 횡보를 거듭하던 시세는 2021년에 들어서면서 다시 가파른 상승세를 이어갔다. 같은 해 10월에는 이전 최고가를 갱신하는 뒷심을 보여주던 이더리움은 연일 기록을 갈아치우며 상승장을 이어가고 있다. 다른 알트코인들의 변동성은 더 심각하다. 하루에도 10% 이상 오르내리는 시세는 예사다. 암호화폐 '3대장'으로 불리는 비트코인과 이더리움, 리플보다 알트코인의 시세는 외부 뉴스에 훨씬 더 민감하게 반응한다. 테슬라의 CEO 일론 머스크가 트위터에 도지코인을 찬양하는 글을 올리자마자 이전까지 지지부진했던 도지코인 가격이 3배 이상 급등한 사건은 코인시장의 악명 높은 변동성을 보여주는 단적인 예에 속한다. 이후 그는 자신의 SNS를 통해 "앞으로 테슬라 차량을 비트코인으로 살 수 있게 하겠다."고 밝혀 비트코인 상승장에 활활 타오르는 기름을 끼얹었다.

일개 CEO(물론 요즘 일론 머스크는 단지 한 회사의 우두머리는 아니다!)의 한마디에 시장이 출렁거릴 정도로 암호화폐의 변동성은 악명 높다. 값이 오른다면야 더 없이 좋겠지만, 문제는 호재뿐 아니라 악재도 번번이 시세의 발목을 잡는다는 게 문제다. 머스크가 비트코인으로 테슬라를 살 수 있게 하겠다는 말을 번복하자 그날 비트코인 값은 폭락했다. 이런 냉탕과 온탕을 오가는 장세는 상대적으로 시총이 적은 알트코인의 경우에 더 위협적이다. 이유는 차익 거래를 위한 자동매매, 가격 변동을 따라 다니는 스캘핑 투자, 리딩방을 통한 추종매매 등 투기적 매매가 알트코인에 훨씬 많이 꼬이기 때문이다. 특히 장기투자보다는 짧은 시간 내에 매수와 매도를 반복하는 단타 매매 때문에 가격 변동성이 클 수밖에 없다.

상황이 이렇다 보니 안정성을 중시하는 중년 이상의 투자자보다는 리스크가 크더라도 크게 한 방 먹을 수 있다는 기대감을 가진 젊은층이 코인투자에 매달린다. 코인시장의 어마무시한 변동성이 이들에게 도리어 단점이 아닌 장점이 된 것이다. 이는 통계로도 나타난다. 국내 4대 암호화폐 거래소에 2021년 새로 유입된 회원들을 분석한 자료를 들여다보면, 2021년 1분기 개인 명의의 통장을 통해 신규 가입한 회원 237만3,435명 중 2030 세대의 비중은 63.5%에 달했다. 2021년 들어 새롭게 암호화폐 시장에 유입된 신규 투자자 10명 중 6명 이상이 2030 세대인 셈이다. 젊은 세대는 부동산 시장에 진입할 수 없다는 상실감 때문에 코인시장으로 더 많이 몰렸다. 노동 자산이나 저축 등 정상적인 재테크를 통해 자신의 힘으로 집 한 채 마련하는 것이 거의 불가능해진 시점에 투자가 아닌 투기적 관점으로 암호화폐에 매달리고 있다.

투자와 투기는 엄연히 다르다. 분명 코인투자에 일정한 세력은 블록체인 기술이나 암호화폐의 미래 가치보다는 기대 수익에 골몰하고 있다. 여기에는 비교를 통한 상대적 박탈감에 시쳇말로 '벼락거지'라는 자조적인 농담을 던지는 요즘 세대의 시대상이 반영되어 있다. 사촌이 땅을 사면 배가 아프고 친구가 로또를 맞으면 머리가 아픈 법이다. 암호화폐로 수십 배에서 수백 배의 돈을 벌었다는 소문이 여기저기 돌면서 욕망에 눈이 먼 사람들은 구체적인 정보도 없이 리딩방이나 정체불명의 투자클럽의 말만 믿고 암호화폐 한두 개에 그대로 올인한다. 대학교 등록금으로 모아둔 돈을 모조리 암호화폐에 투자한 대학생, 전세 보증금을 빼서 코인에 몰빵한 직장인, "조물주 위에 건물주, 결혼보다 투자"라며 은행권에서 빌릴 수 있는 한도의 돈을 '영끌'해서 암호화폐를 사들인 젊은이들이 주변에 적지 않다. 우리나라 전체가 2017년 휘몰아쳤던 1차 암호화폐 광풍과 맞먹는 열풍이 더 큰 쓰나미가 되어 다시 밀려들고 있다.

코인투자와 중독, 그리고 사회

최근 코인투자 열풍이 주식투자를 넘어서고 있다. 자연스럽게 우려하는 목소리가 정책을 조율하는 정부 부처 안팎에서 흘러나온다. 지난 문재인 정권 때, 이낙연 국무총리는 암호화폐 투자를 일종의

'병리 현상'으로 규정하고 정부의 규제와 단속을 주문하기도 했다. 그는 "블록체인을 블록할 의도는 없다."고 하면서도 암호화폐 투자 중독으로 인한 선의의 피해자가 나올까 우려했다. 이와 발맞춰 정부의 정책 조정실은 암호화폐에 대한 투기를 억제하기 위한 규제를 도입했다. 여기에는 거래에 대한 자본 이득세 부과와 금융 회사의 암호화폐 보유, 인수 및 투자 제한이 포함되었다. 비록 소득세 부과는 현 정부 들어서도 계속 유예되고 있으나 언제 다시 정부가 칼을 빼들지 아무도 모른다. 문제는 암호화폐의 시총이 이미 국내 주식시장의 시총을 가뿐히 넘어선다는 데 있다. 이런 열풍에 중독 문제는 없을까?

이와 관련된 연구가 있다. 영국의 노팅엄대학교 심리학자 마크 그리프스Mark Grifths는 2018년 중독 관련 전문가들은 암호화폐 투자중독을 도박중독의 한 형태로 보고 있으며, 이는 완전히 새로운 현상이 아니라고 주장했다. 그는 암호화폐 투자중독이 온라인으로 진행하는 데이트레이딩 주식중독 또는 주식시장 투자중독의 하위 유형으로 볼 수 있다는 의견을 밝혔다. 이미 미디어에서는 스코틀랜드의 재활센터가 암호화폐 투자중독을 치료하고 있다는 보도를 내기도 했다. 도박중독의 본질이 종종 지속적인 보상과 강화에 의존한다면, 암호화폐 투자 역시 도박과 유사한 중독성이 있다고 말할 수 있다. 2007년, 글로벌 금융 위기, 코로나-19 같은 팬데믹 상황, 내전과 전쟁, 이주로 인한 금융 불안정성은 개인이 암호화폐에 눈을 돌리게 만들었고, 밤늦게까지 투자가 이어지면서 암호화폐 투자자들의 수면 패턴을 방해하고, 학업이나 직장 생활에 부정적인 영향을 미쳤다.

2022년, 튀르키예의 한 대학 연구팀이 수행한 연구에 따르면, 암호화폐 투자중독자는 다른 사람들보다 정상적인 가정생활에 악영향을 끼치면서까지 암호화폐 거래에 참여하며, 돈과 부채에 대한 끊임없는 갈등에 내몰리고, 정서적 학대나 신체적 학대에 노출되며, 가족 구성원을 소홀히 하거나 자신뿐 아니라 배우자나 자녀에게 폭력을 행사한다는 사실이 밝혀졌다. 또한 암호화폐 중독자는 자신감 부족과 스트레스 장애, 불안, 지속적인 불안감 또는 기분 변화, 수면 부족 및 식욕 감소, 약물 남용, 조울증, 극단적인 경우 자살에 대한 생각이나 직접 자살을 시도한다고 한다.

연구팀은 사람들이 암호화폐 투자중독을 극복하기 위해 다음과 같은 단계를 제안한다. 1) 특정 기간 동안 지출할 금액에 한도를 미리 설정하고 그에 맞추려고 노력하기, 2) 코인투자에 사용하는 앱의 금액에 한도를 설정하기, 3) 급여일에 투자보다는 임대료나 세금, 식료품, 주택담보대출 등 먼저 지출해야 할 항목에 송금하기, 4) 암호화폐 거래를 하는 날 수를 줄이기 등이다. 코인투자가 주식투자보다 훨씬 위험하다는 사실을 기억하고, 언제든지 지금까지 모든 돈을 한 번에 잃을 수 있으며, 요행히 수익을 내더라도 그것은 단지 우연이라는 것을 인정할 필요가 있다. 가족과 친구들에게 내가 지금 코인투자를 하고 있는데 나중에 부탁하더라도 미리 돈을 빌려주지 말라고 말해두는 것이나 투자에서 자유로울 수 있는 새로운 취미를 일상에서 가져보는 것도 좋은 생각이다.

연구에 따르면, 인지행동치료는 암호화폐 거래에 소요되는 시간과 잃는 돈의 양을 줄이고, 사람들이 그만두고 나서 다시 복귀하는 것을 피하는 데 도움을 준다. 투자중독은 특성상 한 개인의 문제에 머물러있지 않는다. 많은 사회적 비용이 들기 때문에 공동체와 사회 전체가 나서서 중독자의 재활을 돕고 일상으로의 복귀를 지지해야 한다. 암호화폐 거래가 개인의 건강에 미치는 부정적인 결과는 이미 여러 연구로 드러났기 때문에 이 문제를 공공 건강의 문제로 전환할 시점이 왔다. 지금은 공공 건강 전문가와 정책 입안자들이 이와 관련하여 더 민감하게 반응해야 할 때다. 건강 전문가들은 암호화폐 거래를 하는 사람들이 어떤 건강 문제를 겪고 있는지 파악하고, 민관이 함께 해결책을 찾기 위한 연구를 수행하며, 중독 치료를 위한 공공의 방법을 제시해야 한다. ❖

자산 전문가와 심리상담가를 친구로 사귀어라

흔히 "부자가 되고 싶으면 부자 친구를 얻어라."라는 말이 있다. 이 말을 이렇게 바꿔보면 어떨까? "진정한 부자가 되고 싶으면 자산 전문가와 함께 심리상담가를 친구로 사귀어라." 이 이야기는 필자가 상담실을 찾는 내담자들에게 꼭 한 번은 들려주는 말이다. 이 이야기를 이 책의 마지막 장에 꼭 쓰고 싶었던 이유를 바로 뒤이어 설명하도록 하겠다. 이번 장을 모두 읽는다면 필자가 투자중독에 관한 책을 마무리 지으면서 여러 독자에게 꼭 전하고 싶었던 마음을 충분히 이해할 수 있을 것이라 믿는다.

🔍 투자와 부자

투자와 부자, 둘의 관계는 어떻게 될까? 투자가 뭔지도 모르는 대부분의 사람들은 부산에서 서울을 가야 하는데 길을 몰라서 헤매고 있는 길 위의 방랑자처럼 투자와 부자 사이의 갈림길에서 헤매고 있다. 하지만 투자가 뭔지 아는 소수의 사람들은 내비게이션을 켜고 경부고속도로를 달려서 서울 요금소를 유유히 빠져 나가는 사람처럼 '투자가 곧 부자'라는 진리를 확인하고 기뻐한다. 모르니까 불안하고 두려운 것이다. 알면 불안하고 두렵지 않다. "주식하면 다 망해!"라고 조언하는 사람들은 주식을 모르는 사람이다. 주식을 모르니 덜컥 겁이 나는 것이다. 어쩌면 몰라서 두렵다는 사실조차 모르고 있을지 모른다.

공포와 두려움은 사람을 얼어붙게 만든다. 길을 모르니까 목적지를 향해 출발조차 하지 못하고 있는 것이다. 차라리 출발을 포기하면 될 텐데 그렇다고 선뜻 포기하지는 못하면서 길 위에서 어디로 가야할지 몰라 동서남북을 둘러보고 있을 뿐이다. 불안하고 답답한 마음에 괜히 자동차의 클랙슨을 빵빵 울려보지만 허공 속에 외침처럼 나약한 메아리가 되어 되돌아온다. 이런 인생의 갈림길에서 가장 필요한 것은 제대로 가야할 길을 알려주는 전문가다. 주변에서 전문가를 찾을 수 없다면 스스로 시행착오를 겪으면서 좌충우돌 이리저리 길을 가면서 알아가는 수밖에 없다.

소가 뒷걸음질 치다가 쥐를 잡는 것처럼 어찌어찌 가다가 운 좋게 서울에 도달한 사람이 있다면 그 사람은 로또에 당첨되는 것보다 더 어려운 확률을 뚫고 목적지에 도착한 셈이다. 내비게이션 없이, 안내자 없이 전적으로 드라이버의 방향감각만 믿고 부산에서 서울을 주파한다는 건 거의 불가능에 가깝기 때문이다. 설사 그런 도전을 하는 것 자체에 박수를 쳐준다 하더라도 그러한 도전은 무모한 도전이고 결국 인생을 놓고 도박을 하고 있는 것이나 마찬가지다. 세상에 태어날 때 좁은 산도産道를 끌어준 산파가 있었듯이, 우리는 무조건 인생이라는 노정에서 우리를 이끌어 안내해줄 전문가가 필요하다.

🔍 어떤 투자 전문가가 필요할까?

보통 투자 전문가를 찾으려고 하는 분들은 다음 셋 중에 하나를 선택하게 된다. 첫째 증권사, 둘째 자산운용사, 셋째 자문사.

첫 번째로 증권사는 유가증권의 발행과 유통을 주업으로 하는 회사, 즉 기업을 위해 주식과 채권을 만들어 주고 이것을 거래하려는 투자자들을 위해 대신 주식과 채권을 사고파는 회사다. 이때 고객에게는 돈을 벌 수 있게 해주고 수익만큼 수수료 수익을 가져간다. 즉 주식시장과 투자자를 연결시켜주는 중간 다리 역할을 해준다. 증권사들은 한국자산운용사의 정회원들이며 일반인이 주식을 사고팔 때는 증권사를 통해야 한다. 다시 말해서, 한국거래소에서 운영하는 큰 시장에 상장된 주식과 채권을 거래하기 위해서는 이 거래소의 정회원으로 등록이 되어 있는 증권사를 통해서만 거래를 할 수 있다.

실제로 증권사에서 하는 일이 정말 많고 부서도 그에 걸맞게 정말 다양하다. 증권회사의 투자금을 투자해서 돈을 벌어다 주고 수익의 일부를 인센티브로 받는 트레이더도 있고, 산업이나 기업을 분석하고 투자 리포트를 써서 투자자들에게 제공해주는 애널리스트도 있으며, 증권사 지점에서 투자 상담을 해주고 주식과 펀드 등 금융상품을 거래하도록 도와주는 피비도 있다. 증권사의 가장 대표적인 일은 바로 주식 거래인데 해당 거래로 돈을 벌고 말고는 투자자들의 선택에 달린 것이고, 증권사는 거래한 것에 대한 수수료만 가져간다. 바로 이것 때문에 시장이 확 좋아져도 사람들이 주식투자로 뛰어드니까 증권사는 앉아서 돈을 벌고, 반대로 시장이 하락해 사람들이 너도나도 매도를 해도 증권사는 또 다시 돈을 번다.

시장의 방향보다는 거래에 대해 받는 일정한 수수료가 비즈니스기 때문에 증권사의 수익 모델은 나름 안정적이라고 할 수 있다. 투자자 입장에서는 누군가는 벌고 누군가는 잃겠지만, 증권사는 누가 잃고 누가 벌든 거래만 일으키면 돈을 번다. 이렇게 황금알을 낳는 거위 같은 비즈니스를 누군들 안 하고 싶겠는가? 역시 이 시장도 살아남기 위해 피비린내 나는 경쟁이 시작되었다. 증권사가 TV 광고를 시작하는 건 이 경쟁이 최근 과열되었다는 방증이기도 하다. 그래서 증권사마다 수수료를 '거의' 무료로 돌려주고 있다. 이 말은 이제 증권사의 수익 모델이 바뀌고 있다는 의미기도 하다. 어쨌든 이 부분은 전문적인 내용이니까 여기에서 각설하자.

두 번째로 알아야 할 것이 자산운용사다. 증권사가 물건을 파는 유통사라면 운용사는 펀드라는 물건 만드는 제조사라고 생각하면 된다. 예를 들어, 라면은 농심이 만들지만 구입은 이마트에서 하는 것처럼 자산운용사는 제조만 하고 증권사는 팔기만 하는 것이다. 다만 펀드가 라면과 다른 점은 물건은 돈을 주고 사면 그걸로 끝이지만 펀드는 돈을 주고 사고 나서도 운용사가 어떻게 하는지에 따라서 계속해서 가치가 달라진다는 점이다. 둘은 악어와 악어새처럼 공생관계다. 우리가 어디선가 들어보았던 '타이거'나 '큐큐큐' 같은 건 다 이런 맥락에서 만들어진 금융상품들이다. 금융상품 역시 경쟁이 심하다. 하지만 투자자 입장에서 금융상품의 소구력은 수익에 있다. 문제는 이 수익을 안정적으로 가져가면서도 파이를 키울 수 있는 뾰족한 수가 많지 않다는 데 있다.

세 번째는 자문사다. 자문사는 규모에 있어 증권사나 운용사처럼 크지는 않다. 특정 금융 그룹이나 은행 내 계열사가 아니기 때문이다. 정예화된 제3의 회사 같은 느낌이다. 실제 금융사에 종사하면서 본인의 명확한 철학이나 식견이 생겨서 그걸 실현하기 위해 회사를 나와 본인 회사를 차리는 경우, 흔히 자문사나 자산운용사를 차리게 된다. 자문사는 고객의 돈을 대신 투자해 줄 수도 없고, 증권사 피비처럼 종목을 골라주거나 포트폴리오를 상담해 줄 수도 없다. 고객의 투자에 대해서 자문해주고 전략과 전술을 짜주는 정도다. 자문사는 투자를 대신해 줄 수 없다. 고객이 직접 능력을 키울 수 있도록 전략을 알려주고 공부를 시켜주는(이를 고상하게 '자문'이라고 한다) 대가로 일정한 보수를 받는다.

투자에 대해서 잘 모를 경우, 전문가의 도움을 받는다는 것은 어떤 의미일까? 증권사를 간다는 뜻일까, 아니면 운용사를 방문한다는 뜻일까? 투자 전문가의 도움을 제대로 받으려면 자문사를 만나야 한다. 스스로 몸과 마음의 근육을 키우는 것처럼 투자의 근육을 키우고 싶다면 오랜 경력의 자문사를 만나야 한다. 그를 투자의 멘토 내지 구루로 삼고 주식시장 전반의 이해와 함께 내 자산에 맞춰 투자 전략을 짜야 한다. 주식을 보유하고 있지만 이미 손실이 크다면 어떻게 전략을 짜서 손실 없이, 혹은 손실을 최소화해서 나와야 할지 알기 위해서는 무엇보다 자문사의 도움을 받아야 한다.

반대로 증권사나 운용사를 찾아간다면, 투자를 대행해 줄 뿐 그과정에서 내가 배울 수 있는 게 없다. 나대신 투자를 해준다면 내 입장에서 편리할 수는 있으나 투자의 내공과 능력을 기르는 것에는 아무런 자극도, 도움도 되지 않는다. 부산에서 서울로 길을 찾아가는 과정이라면, 이미 닦여 있는 레일 위를 달리는 KTX를 타는 것과 같다고나 할까? 반면 자문사는 다르다. 가족과 함께 멋들어진 로드무비 한 편을 찍는 것처럼 어느 IC를 통해 어느 고속도로를 탈지 내가 직접 루트도 짜고, 어느 휴게소에 들를지, 시간은 어떻게 안배할지, 소요되는 비용과 톨비, 유류비는 얼마나 될지 모든 것을 관할할 수 있다. 물론 모든 걸 내가 직접 한다는 데에서 벌써부터 머리가 아파올 수 있겠지만, 그만큼 보람과 성장은 클 것이 분명하다.

투자에 심리상담가가 필요한 이유

여기서 잠깐! 잊지 말고 투자 자문사와 함께 인생 자문사를 한 명 더 두어야 하는데, 그가 바로 심리상담가다. 투자는 심리게임이다. 투자는 숫자놀이가 아니라 시장의 정서와 센티멘털을 읽는 감정게임이다. 심리상담가는 여기저기 늪처럼 도사리고 있는 투자중독의 함정을 익히 알고 있는 전문가다. 내가 어디로 가면 안전한지, 어디로 가면 위험한지 조언해줄 수 있다. 이미 함정에 빠진 상태라면, 심리에 큰 생채기 없이 그 함정을 벗어날 수 있는 굳건한 마음자세를 제안해 줄 수 있다. 함정을 피했다 해도 곳곳에 세워진 인지 오류라는 장벽이 우리의 발목을 잡을 수 있다. 이때 상담은 그릇된 사고방식에 매몰된 자신을 돌아보게 하고 다시 계획된 도로 위로 인생이라는 차량을 올릴 수 있는 담력을 준다.

시장엔 분명 리스크가 존재한다. 투자중독은 리스크 관리와 다르지 않다. 15년 넘게 내담자들과 울고 웃으며 그들의 삶에 들어가 온갖 희로애락을 나눴지만 그 모든 이야기를 하나로 정리하면 결국 리스크 관리였다. 그것이 '투자의 리스크risk of investment'인지 '정서의 리스크risk of emotion'인지 차이가 있을 뿐이다. 투자자들은 이 리스크를 정확하게 이해해야 한다. 그것이 상장주식이든 비상장주식이든 시장에 팔리는 모든 주식은 경영진의 실수나 영업 실적 악화 같은 내부 변수뿐 아니라 경제 전반에서 이르러 오는 다양한 이슈뿐 아니라 사회, 정치, 문화 등 수많은 외부 변수로 인해 타격을 입을 수 있다.

투자의 리스크는 크게 두 가지가 있다. 하나가 유동성이라면 다른 하나는 변동성이다. 유동성liquidity은 주식이나 재화, 상품을 사고파는 것이 얼마나 쉬운지를 보여주는 값이다. 말 그대로 돈의 흐름이라고 할 수 있다. 유동성은 매우 중요한 지표다. 유동성이 낮은 상품은 그만큼 리스크가 크다. 유동성이 높은 상품은 그만큼 제값을 받고 팔 수 있다. 또 다른 투자의 리스크는 바로 변동성이다. 변동성volatility은 주가가 얼마나 자주, 얼마나 큰 폭으로 오르내리는지를 보여주는 값이다. 일례로 암호화폐는 유동성과 변동성이 모두 높은 투자 상품이다.

투자자는 이것 외에도 또 하나의 리스크를 염두에 둬야 한다. 바로 정서의 리스크다. 주식시장은 언제든지 변동성이 있고 투자자들이 예측할 수 없는 변화에 직면한다. 세계 각국의 정치 상황과 유가, 환율, 금융 정책, 조세, 무역 전쟁과 같은 이슈들은 이 변동성에 촉매가 된다. 주가가 출렁일 때는 내 투자 포트폴리오에 심각한 타격을 가할 수 있다. 그런데 이보다 더 무서운 리스크는 정서의 리스크다. 이 리스크는 증권사도, 운용사도, 자문사도 해결해 줄 수 없다. 오로지 심리상담가만 해결할 수 있다. 이 책은 바로 이런 관점에서 쓰였다. 이 책의 초점은 부산에서 서울로 가는 '고속도로'에 있지 않다. 차를 운전하는 내가 잡고 있는 '운전대'에 있다. 내비게이션을 바라보는 내 '사고방식'에 있다.

내가 운전대를 어떤 심리 상태로 잡고 있느냐가 리스크 관리의 또 다른 축을 담당한다. 아무리 훌륭한 전략과 담대한 투자를 소개받았다고 해도 그 과정을 전체적으로 조망하고 이끌어갈 수 있는 멘털이 투자자에게 갖추어져 있지 않으면 리스크가 완전히 해소된 것이 아니기 때문이다. 정서는 단순한 감정상태가 아니다. 일관된 사고방식이며 나아가 세계관이다. 시장과 자본, 경제와 사회를 읽는 안목이다. 투자 전문가가 투자의 리스크와 곧 닥치게 될 시장의 위기를 경고한다면, 심리상담가는 투자자가 내재적으로 안고 있는 투자중독의 위험을 경고한다. 투자자의 사고방식과 세계관에 들러붙어 있는 인지 오류와 중독적 사고를 거둬낸다.

부자가 되고 싶은가? 그렇다면 평소 두 명의 친구를 둬야 한다. 투자 전문가 그리고 심리상담가. ❖

| 나가는 말 |

행복은 멀리 있지 않다

"다른 사람들이 탐욕스러울 때 두려워하고,
다른 사람들이 두려워할 때만 탐욕스러워하라."

— 워런 버핏 —

필자의 기억이 맞는다면 얼마 전까지 연로하신 어르신들이 가장 많이 해주시는 새해 덕담(?)이 "주식 하지 마."였다. 주식 하는 사람과는 친구도 하지 말라는 당부와 함께 액수와 상관없이 당신이 과거 주식투자로 말아먹은 피 같은 돈을 언급하는 게 어르신들이 새해 정초부터 자녀와 손주들을 모아놓고 건네는 덕담이던 시절이 있었다. 결혼하는 자녀에게, 신년을 맞아 세배 드리는 손주에게 부모로서 해줄 수 있는 유일한 경제 교육이 "평생 주식은 하지 마라."라는 말이라니 어딘지 모르게 눈물겹다. 그래서 한때 지인이나 친구가 증권사를 다니거나 주식투자가 본업이라고 말하면 모두가 경계의 눈초리로 살피던 분위기였다.

하지만 세상이 바뀌었다. 바뀌어도 너무 바뀌었다. 요즘엔 전 국민이 주식계좌 하나 정도는 갖고 있으며 주식투자도 제법 하는 시대가 왔다. 남들이 다 하니까 인간관계를 맺기 위해, 수준 있어 보이기 위해, 주식도 잘하는 유능하고 똑똑한 사람으로 자신을 포장하기 위해 주식투자를 주제로 이야기하기를 꺼내기도 한다. 요즘엔 자녀에게 주식하는 법을 가르치고 싶다는, 이른바 앞서가는 부모들도 적지 않지만, 자식에게는 대놓고 주식투자 하지 말라고 하면서도 자식 모르게 뒤에선 주식계좌를 만들어 투자하는 것이 작금의 현실이다.

5천만 국민 모두가 삼성전자 주식 하나 이상은 갖고 있다는 요즘, 과연 다들 주식투자로 얼마를 벌었을까? 주식으로 돈 꽤나 벌었다는 사람들 계좌를 열어보면 수익이 난 종목도 있지만 잃은 게 더 많은 경우가 대부분이다. 그럼에도 주식으로 수억을 벌었다는 말을 하고 돌아다닌다. 우리같이 평범한 소시민들은 주식투자를 하고 싶은 마음은 간절하지만 막상 주식을 하다가 그나마 있는 쥐꼬리만 한 재산을 몽땅 날릴지 모른다는 두려움에 선뜻 나서지 못한다. 차라리 투자 욕구 자체가 없다면 상관없겠지만 나도 투자로 저 사람처럼 벌고 싶은데 모아놓은 종잣돈도 없고 '주식투자=패가망신'이라는 등식이 무서워 용기가 나지 않는 형편이다.

얼마 전 있었던 일이다. 필자를 찾아온 내담자 중에 추석 명절에 고위 공직자인 삼촌과 미래에 대한 직업과 없어질 직업군에 대한 이야기를 나누다가 대화가 싸움으로 번져서 마음의 상처를 받고는 상담을 받으러 내원했다. 조카의 꿈은 애널리스트였다. 꿈을 들은 삼촌은 "주식 하면 다 망해, 집안 말아먹어, 뭘 알고 하는 말이야, 요즘 세상은 코딩의 시대라고, 코딩을 공부해야지, 그렇게 뜬구름 잡듯이 주식을 공부하고 사기꾼으로 살아가는 게 맞는 일이냐?"라면서 부모님까지 이상한 사람으로 몰아서 즐거운 마음으로 모였던 명절에 가족들이 두 패로 나뉘어 신나게 싸움만 했다는 것이다.

애널리스트가 꿈이었던 조카는 커다란 마음의 상처를 받았고 졸지에 땀 흘려 열심히 일을 할 생각은 않고 책상머리에 앉아서 주식이나 사고팔며 남의 돈이나 벗겨 먹다가 운 좋으면 한 방 노려서 불로소득이나 벌려고 하는 사람(실지로 삼촌이 조카에게 했던 말을 여기에 그대로 옮긴다!)으로 전락했다고 한다. 황당하고 답답했던 조카는 엄마와 함께 필자가 운영하는 상담소에 내원하게 된 것이다. 조카는 삼촌도 CGV에 투자해서 2018년에 수익이 꽤 났다고 한다. "자신은 주식으로 수익을 내면서 제가 주식 전문가가 되겠다는 건 반대하니 앞뒤가 안 맞는 거 같아요."

필자는 세상에 다른 덕담도 존재한다고 말해주고는 조카를 따뜻하게 돌려보냈다. 그녀가 돌아가는 뒷모습이 아직도 눈에 선하다. 한편으로는 참으로 안타까운 일이다. 투자가 필요하다는 것도 알고, 큰돈을 벌어서 경제적으로 자유롭고 싶다는 것도 인정한다. 하지만 주식이 무엇이고 투자가 무엇이며 어떻게 해서 돈을 벌어야 하는지는 다들 모르는 것 같다. 증권사에 근무를 하는 사람들조차도 투자가 직업일 뿐이지 주식은 여전히 희망이자 두려움 그 자체인 것 같다. 독자 여러분은 어떤 투자자가 되어 부자가 되고 싶으신가? 이 책을 읽고 있는 독자라면 이제는 자신에게 아주 냉정하게 이 질문을 던져야 할 때다.

노벨 경제학상을 수상한 경제학자 폴 사무엘슨Paul A. Samuelson은 행복 방정식을 정의했다. 그는 소비를 욕망으로 나눈 것을 행복으로 보았다. 매우 통찰력 있는 정의가 아닐 수 없다. 그의 방정식에 따르면, 우리가 행복해질 수 있는 방법은 두 가지 밖에 없다. 첫 번째 소비를 늘리는 것이다. 끝없는 인간의 욕망을 전제로 행복하기 위한 현대인들의 유일한 선택지는 소비 증가 밖에 없다. 그런데 소비에 한계가 있다면 분모인 욕망을 줄여야 한다. 욕망을 줄일 수 있다면 한정된 자원으로도 얼마든지 행복해질 수 있다. 극기복례다! 고행을 마다하지 않는 수도승이 도달한 해탈의 경지조차 욕망을 극도로 억제한 끝에 행복도를 극대화한 결과다. 소비를 늘려 행복을 증진하기보다 반대로 욕망을 줄여서 행복을 늘릴 수 있다. 모든 것은 나의 의지와 결단에 달렸다.

$$\text{행복}(\mathit{Happiness}) = \frac{\text{소비}(\mathit{Consumption})}{\text{욕망}(\mathit{Desire})}$$

책의 말미에 이런 이야기를 하는 이유는 투자와 부자의 관계를 단순히 돈의 함수로만 환원하지 않았으면 해서다. 행복은 어쩌면 돈과 직접적인 관련이 없을 수도 있다는 사실, 진정 인생에서 중요한 것은 어쩌면 눈에 보이지 않는 것이라는 사실을 이야기하고 싶어서다. ❖

주식으로 돈을 잃는 습관도 질병과 같다

　세상의 진리를 자랑하는 사회와 경제, 정치, 문화, 종교, 철학은 저마다의 입장에서 인간의 사랑과 행복을 말한다. 하지만 몸과 마음을 만들어가는 행복에 대해서는 대부분 대수롭지 않게 생각해왔다. 설령 중요하다는 사실을 알아도 내 마음이니 누구보다도 내가 잘 안다고 착각해왔다. 그러나 정작 마음에 병이 생기면 그제야 "내가 내 마음도 모르고 살았구나."하며 자조 섞인 넋두리를 내뱉는다. 그러나 그때는 이미 늦는다. 사랑과 행복을 쟁취하기 위해 돈도 벌어 보고 철학적인 견해를 갖거나 종교에 열심을 내며 살아도 좀처럼 행복해지지 않았던 건 다 마음을 몰랐기 때문이다. 돈은 벌었으나 몸과 마음은 이미 망신창이가 되어버린 뒤 뒤늦은 후회를 해도 소용없다. 이게 진정 내가 바라고 원했던 성공이며 행복이고 부였는지 이제 기준마저 희미해졌다. 난 어디서부터 다시 시작해야 할까?

한 번뿐인 인생이다. 인간으로 태어나 진정 행복하고자 한다면, 첫째, 몸이 건강해야 한다. 억만금이 있어도 당장 아프면 아무것도 누릴 수 없다. 둘째, 마음과 심리가 건강해야 한다. 고대광실에서 살아도 마음이 편치 않고 근심 걱정이 가득하면 지옥과 다를 바 없다. 셋째, 세상을 살아가는 지혜뿐 아니라 돈과 경제에 대한 지식도 갖추어야 한다. 돈만 있고 몸과 마음의 건강을 잃었다면 그건 그냥 실패한 인생이다. 돈만 있고 사랑하는 가족을 잃었다면 그것 또한 실패한 인생이다. 진정한 부자는 몸과 마음, 돈의 조화를 이룬 사람이다. 건강한 몸과 건전한 마음, 올바른 투자의 기술의 조화를 통해 진정 존경받는 부자가 되고 싶다면 이제부터 제대로 배우고 실천하는 용기가 필요하다.

주식으로 돈을 잃는 습관도 질병과 같다. 결국 수중에 가진 모든 것을 다 잃어도 그치지 못하는 지독한 투자중독에서 벗어나지 못하기 때문이다. 이러한 분들을 위해 강력한 투자 심리 교육 프로그램을 개발했다. 투자 심리 교육 프로그램은 마음과 성마음, 심리교육과 더불어 강력한 투자 심리 이론을 완성했다. 그동안 알고 있었던 성공팔이 자기계발식 강의나 집체교육과 비교할 수 없다. 삶을 새롭게 살고자 하는 의지를 가진 분이라면 꼭 필요한 교육이다.

생존과 직결되는 투자 심리 이론은 마음 교육 또는 심리치료 교육을 받지 않으면 이해될 수 없다. 마음과 심리를 가지고 생존과 사랑으로 행복을 만들고자 했던 인간의 심리 원리를 모르면 교도소 담장

위를 걷듯이 어디로 떨어지느냐에 따라서 행복과 불행은 한순간 뒤바뀌게 된다. 투자 심리 교육 프로그램이란 인간의 마음과 성마음을 기초로 마음과 심리의 작용 원리와 이치를 알려주는 교육이면서 심리장애인 투자중독을 치료하는 교육이다. 더불어 투자심리 교육 프로그램은 자기 관리와 주식투자 고수인 주식 전문가들이 강사로 참여하여 종목 분석 능력과 성공 투자 습관까지 집중적으로 강의하고 있다.

투자 심리 교육 프로그램의 개요

1. 교육 횟수: 총 20회
2. 교육 기간: 주 1회 총 20주

마음, 심리, 투자원칙, 법을 통합하여 성공투자 심리 법칙의 능력을 갖게 되는 과정 전문 에널리스트들과 함께 만들어 가는 최고의 가치 창출을 하는 교육 프로그램 소개

	목차	내용	강사
1주차	투자와 주식에 대한 이해	주식으로 수익이 나면 그때부터 인생 역전	성명석 소장 박수경 박사
2주차	새로운 인생 시작	세상을 거꾸로 보는 지혜	성명석 소장 박수경 박사
3주차	마음과 심리로 보는 세상	수익을 내지 않으면 버틸 수 없는 투자 심리 법칙	박수경 박사
4주차	꼭 지켜야 할 몸과 마음 원칙	눈뜨고, 입닫고, 귀닫고	성명석 소장
5주차	투자심리의 법칙	투자자들의 구성과 자본시장의 법칙	성명석 소장
6주차	투자자의 기본적인 준비물	기본적인 준비물과 마음과 심리 진단	박수경 소장 성명석 소장
7주차	인간의 본능	생존과 행복사이에서 작용하는 돈의 법칙	박수경 박사
8주차	잘못된 투자심리 습관과 운명	한번 잘못 형성된 투자 심리는 모든 것을 다 잃을 때 까지 멈추지 않는다.	박수경 박사
9주차	기억과 돈의 욕구	돈에 대한 감정과 욕구로 망치는 투자	박수경 박사
10주차	돈을 끌어오는 투자심리법칙	투자로 돈을 버는 심리의 원칙	전영욱 전문가
11주차	심리를 모르면 다 잃게 된다.	마음과 심리 작용을 모르면 다 잃을 수밖에 없는 심리의 비밀	박수경 박사
12주차	경제적 자유를 이루는 힘	인간의 몸과 마음 그리고 경제적 자유	하준 전문가
13주차	심리와 주식 싸이클	욕심을 버리고 돈을 끌어 오는 심리로 전환	박수경 박사
14주차	그날 이후	그들의 돈이 들어오고 나가는 그날	성명석 소장
15주차	끝내주는 타이밍	음봉과 양봉의 아름다운 조화	전영욱 전문가
16주차	갈수록 수익률이 높아지는 원리	차트의 그림을 눈으로 익히는 기술	하준 전문가
17주차	주식의 기본과 사고팔고	실전에서 실력을 높이는 훈련	하준 전문가
18주차	주식의 기본과 사고팔고	주식의 기본상식	민주 전문가
19주차	자본시장법	법과 자본시장의 이해	성명석 소장
20주차	종강 특강	전문 에널리스트 초청 강의	

＊ 본 프로그램은 상황에 따라 강의 순서와 강사진의 변동이 있을 수 있습니다.
＊ 무료 특강 : 매주 토요일 오후 1시 (대전 교육장 / 천안 교육장)
＊ 문의 : 전국 대표번호 1811-7418, 성명석 소장 hicdm@hanmail.net, 박수경 박사 pak3840@hanmail.net

돈을 끌어오는 투자 심리의 법칙

1판 1쇄 발행 2025년 5월 23일

지은이   박수경 · 성명석

발행인   김성룡
코디   정도준
편집   백숭기
교정   김은희
디자인   김민정

펴낸곳   도서출판 가연
주소   서울시 마포구 월드컵북로 4길 77, 3층 (동교동, ANT빌딩)
구입문의 02-858-2217
팩스   02-858-2219